国家社科基金项目
安徽省"十三五"重点图书出版规划项目
中国当代农村发展论丛 ◎ 张德元 主编

政府主导型农地大规模流转问题研究

常伟 著

中国科学技术大学出版社

内 容 简 介

近年来，政府主导型农地大规模流转模式在全国频频出现。这种流转模式在迅速改变了农业农村面貌的同时，也改变了政府与农民的关系。本书以相关文件文献研究为基础，结合实际案例，针对政府主导型农地大规模流转问题开展研究。本书紧扣农业现代化背景，对政府主导型农地大规模流转问题进行深入研究，深入探讨政府主导型农地大规模流转的原因、绩效、风险，并对政府、转出方、转入方之间的利益博弈进行深入探究，找出影响农民对该模式认可程度的因素，并结合政府主导型农地大规模流转研究，进一步探讨研究农地制度的实施问题，提出政府主导型农地大规模流转模式的现实改进策略。

图书在版编目(CIP)数据

政府主导型农地大规模流转问题研究/常伟著. —合肥：中国科学技术大学出版社，2018.7

（中国当代农村发展论丛）

安徽省"十三五"重点图书出版规划项目
安徽省文化强省建设专项资金项目
全国高校出版社主题出版项目
ISBN 978-7-312-04396-3

Ⅰ.政… Ⅱ.常… Ⅲ.农业用地—土地流转—研究—中国 Ⅳ.F321.1

中国版本图书馆 CIP 数据核字(2018)第 006811 号

出版	中国科学技术大学出版社 安徽省合肥市金寨路 96 号,230026 http://press.ustc.edu.cn https:/zgkxjsdxcbs.tmall.com
印刷	合肥华苑印刷包装有限公司
发行	中国科学技术大学出版社
经销	全国新华书店
开本	710 mm×1 000 mm 1/16
印张	13
字数	231 千
版次	2018 年 7 月第 1 版
印次	2018 年 7 月第 1 次印刷
定价	52.00 元

总 序
PREFACE

　　20世纪80年代,我在中央机关参与农村改革政策调研的时候,就坚持认为,中国农村政策最基本的问题是农民问题。20世纪90年代,政策界在全球化导向下转而把农业问题作为主要关注领域之后,我则一再强调中国的"三农"问题,而且在排序上坚持把农民权益放在第一位,然后是农村可持续发展问题,最后才是农业安全问题,并认为"三农"问题之所以不同于微观产业经济领域讨论的"农业问题",在于作为"原住民大陆"的中国的农村社会经济运行的真实逻辑,与"殖民地大陆"的美洲和大洋洲存在着"质的差别",各自的主要发展经验在根本上没有互相复制的可能性。据此看,对于影响巨大的政策研究而言,任何简单化地套用或教条化地照搬,都势必造成巨大损失。这些思考,在我近年来所发表的文章中随处可见。

　　不过,我在坚持"非主流"意见的同时,也预感到不能再以这种角度开展农村政策研究,遂去高校完成了在职研究生的学习,同时争取多做些国家级课题和国际合作的科研项目,以便及时转向学术研究。为了更好地理解农村改革发生的内在机理,进而把握和预见中国未来的农村发展方向,我用了3年时间梳理了20世纪中国经济发展史,并做了中国宏观经济与"三农"发展的相关研究。据此可知,从中国农村改革至今40年的长期经验看,其不仅在本源上与20世纪70年代末期的宏观经济危机直接相关,而且"三农"领域每一次的重大政策变化,也都受到改革开放以来经济周期的直接影响。

　　安徽广大干部群众及"三农"学界对农村改革贡献极大。早在20世纪60年代初,当国家工业化在原始积累阶段遭遇外资中辍致使经济遭受严重破坏之际,中央决定实行"三级所有,队为基础",就是把服务于工业化的农村体制从"一大二公"的乡级人民公社退回到村级生产队核算,同时允许农户搞"三自一包"。安徽省干部群众在时任省委第一书记曾希圣同志的支持下,在全省推广责任田,通过"包产到户"的办法解决了生存问题。由于1963年宏观经济初步恢复之后国家仍然要通过集体化从"三农"提取积累,留利于民的责任田在三年困难时期后被取消。但这一探索本身表明安徽广大干部群众从不缺乏改革精神。

长期从"三农"获取剩余用于城市工业化的汲取政策,使得在农村改革启动前期没有得到政策机会发展社队工业的安徽农民远比那些有工业基础的沿海省份和城市郊区农民生活困苦得多。当年的安徽,不仅城乡之间的基尼系数,而且农村内部不同区域之间的基尼系数都在显著恶化。直至1975年,完全没有工副业生产的安徽省凤阳县小岗生产队人均口粮75千克,全年人均收入仅20元,一年中有10个月的时间吃返销粮,农民生活极端困苦。因此,凤阳县小岗村生产队和肥西县小井庄的干部群众积极探索,并逐步突破了传统城市资本偏向的旧体制的束缚。小岗村农民在承包合同中指出:"如果上级追查,队干部坐牢,全村各户保证把他们的孩子养到18岁。"这种贫困农村基层的自发探索,不仅解决了村里人的吃饭问题,也被中央主管经济工作的领导人用作国家经济政策上财政"甩包袱"的注脚,媒体称安徽农民改变了整个国家和民族的命运。

此后的30多年时间里,安徽广大干部群众积极探索,为农业和农村发展作出了巨大贡献。其中,辛秋水教授立足于田野试验,在文化扶贫和村民自治领域作出重大探索。何开荫教授和张德元教授多次向党中央国务院建言献策,以刘兴杰为代表的基层干部勇于实践,积极推动农村税费改革,直至国家最终推出了废除农业税的政策。这些,无不凸显了安徽之于中国农业与农村发展的重要地位。

自1997年东亚金融风暴造成1998年中国因外需大幅度下降而暴露出生产过剩矛盾以来,国内经济波动越来越多地受到全球化的影响。对此,中国政府在维护国家经济主权之际,大规模扩张国家信用,投资于三大差别——区域差别、城乡差别和贫富差别的再平衡战略。在城乡差别再平衡战略上,从2006年贯彻"新农村建设"战略起,中国已进入工业反哺农业、城市支持农村的发展阶段。然而,我们也注意到由于各地政府未能及时认识和纠正自身的公司化取向,招商引资成为"过剩资本"占有乡村资源、实现资本化获取收益的主要手段,致使劳动力、土地、资金这三大生产要素大量流出农村,"三农"问题由此变得更加复杂。原本新农村建设中县域经济战略的主要内容——"城镇化+中小企业",也受到资本过度集中于大城市现状的影响,从而形成严重滞后于沿海和超级城市工业化的结构性扭曲……这些偏差至今尚未得到根本性矫正。如今又增加了农业生态环境形势日趋严峻的新问题,农业改革之路日趋艰难。单纯重视GDP的发展观在力推农民工大规模外出的同时,也造成了众多留守老人、留守妇女和留守儿童的不良生存状况。在大规模弱势群体形成的同时,中国人口老龄化的挑战已经悄然而至!

这些问题的研究和解决,离不开政府相关政策的出台,更离不开包括学者在内的社会各界人士的共同努力。我们有理由相信曾经作出过巨大贡献的安徽广大干部群众还将作出新的探索和努力,安徽"三农"学界还将作出历史性的新贡献!

谨在此系列丛书出版之际,向为中国农村发展作出重大贡献的安徽广大农村干部群众致以崇高的敬礼。

温铁军

目 录
CONTENTS

总序 ………………………………………………………………（ i ）

第一章　绪论 ……………………………………………………（ 1 ）
 一、问题的提出 ………………………………………………（ 1 ）
 二、有关研究说明 ……………………………………………（ 3 ）
 三、主要内容与研究框架 ……………………………………（ 5 ）
 四、研究方法 …………………………………………………（ 7 ）
 五、研究价值、创新与不足 …………………………………（ 12 ）

第二章　相关研究回顾 …………………………………………（ 14 ）
 一、理论基础 …………………………………………………（ 14 ）
 二、国内外农地流转相关研究 ………………………………（ 15 ）
 三、政府主导型农地大规模流转研究 ………………………（ 19 ）
 四、已有文献评述 ……………………………………………（ 22 ）

第三章　政府主导型农地大规模流转的背景、现状与特点 …（ 23 ）
 一、政府主导型农地大规模流转出现的经济社会背景 ……（ 23 ）
 二、政府主导型农地大规模流转现状研究 …………………（ 35 ）
 三、项目区外干部群众对政府主导型农地大规模流转的认知 …（ 43 ）
 四、政府主导型农地大规模流转的特征 ……………………（ 48 ）
 五、本章小结 …………………………………………………（ 53 ）

第四章　政府主导型农地大规模流转中的期限与租金问题 …（ 54 ）
 一、农地大规模流转中的流转期限研究 ……………………（ 54 ）
 二、农地大规模流转中的流转租金 …………………………（ 70 ）
 三、本章小结 …………………………………………………（ 84 ）

v

第五章 政府主导型农地大规模流转的绩效探析 …………………… （86）
一、绩效与政府主导型农地大规模流转绩效 ………………………… （86）
二、政府主导型农地大规模流转的转出方绩效 ……………………… （88）
三、政府主导型农地大规模流转的转入方绩效 ……………………… （91）
四、干部视角下的政府主导型农地大规模流转效益与种植结构转换 …… （94）
五、政府主导型农地大规模流转模式下的政府绩效 ………………… （96）
六、本章小结 …………………………………………………………… （98）

第六章 政府主导型农地大规模流转的风险探析 ……………………（100）
一、风险的涵义及分类 …………………………………………………（100）
二、转出方面临的风险 …………………………………………………（101）
三、转入方面临的风险 …………………………………………………（106）
四、政府面临的风险 ……………………………………………………（112）
五、本章小结 ……………………………………………………………（115）

第七章 政府主导型农地大规模流转的实施条件 ……………………（116）
一、对于社会经济等外部条件的要求 …………………………………（116）
二、对于转出方的要求 …………………………………………………（120）
三、对于转入方的要求 …………………………………………………（122）
四、对于政府的要求 ……………………………………………………（126）
五、本章小结 ……………………………………………………………（130）

第八章 政府主导型农地大规模流转项目实施中的利益博弈 ………（131）
一、政府主导型农地大规模流转下的不同主体及其诉求 ……………（131）
二、政府与转出方之间的博弈分析 ……………………………………（135）
三、转入方与转出方之间的博弈分析 …………………………………（137）
四、政府与转入方之间的博弈分析 ……………………………………（139）
五、本章小结 ……………………………………………………………（141）

第九章 研究结论与政策含义 …………………………………………（143）
一、研究结论 ……………………………………………………………（143）
二、政策含义 ……………………………………………………………（144）

附录一 针对政府的结构化访谈纲要 …………………………………（145）

附录二 针对转入方的结构化访谈纲要 ………………………………（147）

附录三	政府主导型农地流转问卷(农民) ……………………………	(150)
附录四	政府主导型农地流转问卷(村支书) …………………………	(154)
附录五	政府主导型农地流转问卷(第一书记) ………………………	(159)
附录六	政府主导型农地流转问卷(县乡干部) ………………………	(164)
附录七	种田农民回乡调查问卷 ………………………………………	(168)
附录八	新生代农民工回乡调查问卷 …………………………………	(174)

参考文献 ……………………………………………………………………… (180)

后记 …………………………………………………………………………… (195)

第一章 绪　　论

从新制度经济学的视角出发,中国农村改革、农村税费改革以及农业税的废除,均改变了中国农民与国家的关系,并对农地制度安排产生了巨大影响。在这一背景下,从政府主导型农地大规模流转问题切入,继续研究农地制度的运行与实施问题,就有了极其重要的理论价值和实践价值。从理论层面上讲,本书紧扣农业现代化背景,对政府主导型农地大规模流转问题进行深入研究,深入探讨政府主导型农地大规模流转的原因、绩效、风险;对政府、转出方、转入方之间的利益博弈进行深入探究,找出影响农民对该模式认可程度的因素;结合政府主导型农地大规模流转研究,进一步探讨研究农地制度的实施问题,并提出政府主导型农地大规模流转模式的现实改进策略。从实践层面来看,本书研究的现实目的在于揭示农地流转规律,指导农业与农村发展实践。本书试图回答:政府主导型农地大规模流转何以出现?它具有什么绩效和风险?若想取得预期效果需具备哪些条件?在政府主导型农地大规模流转过程中,政府、转入方和农民之间的关系如何?

一、问题的提出

中国的改革开放发端于安徽农村,其关键点和突破口是农地制度。改革开放40年来,农地制度改革已变得相对滞后,并成为制约农业与农村发展的瓶颈问题。我国农地基本经营制度出现于20世纪70年代,通过激励机制的改变,它曾极大地调动了农民的积极性,并对20世纪80年代初期的中国农业经济增长贡献巨大。Lin(1992)的研究表明,1978~1984年中国农产品产值以不变价格计算,增长了

42.23%,这其中有46.89%应归功于家庭联产承包责任制。但随着中国社会经济的快速发展以及社会经济市场化程度的不断加深,其缺陷日益显现出来,土地细碎化现象十分突出,严重制约了农业和农村发展。因此,在尊重和保障农民土地权益的前提下,如何通过农地制度改革促进农地有序流转,已成为我国农业与农村发展无法回避的重大现实问题。

随着国家农业政策调整和惠农政策不断出台,由政府通过招商引资活动进行,并借助于财政手段乃至行政手段推动的农地大规模流转项目在全国各地相继出现。区别于市场主导型农地流转的是,地方政府不仅制定相关政策措施对土地流转予以约束和规范,还通过行政动员、招商引资、评比考核等方式推动农地流转,并通过信贷、财政补贴等形式对于转入方或转出方予以激励(常伟、梅莹、李晨婕,2014)。一方面,这种农地流转模式涉及农地面积大,已超越自然村,达到行政村层面;另一方面,涉及农民较多,动辄几千人,甚至上万人。农地流转在迅速改变农业、农村面貌的同时,也给地方社会经济和农民与政府的关系带来了剧烈而深远的影响。就全国相关实践经验来看,如果处理得当,它可以适应农地大规模集约化、专业化、组织化、社会化生产的要求,克服家庭小规模经营的缺陷,并且可以提高农业全要素生产率和现代化水平,进一步促进农业与农村发展;如果处理不当,不仅会破坏生产力,甚至会造成或激化干部与群众、农民与政府的矛盾,引发极其严重的社会经济后果。因此,对政府主导型农地大规模流转模式开展深入研究,就有了极其强烈的现实针对性。

案例1:2014年10月15~17日,河北省无极县泽康谷物瓜菜种植专业合作社在该县大陈镇、里城道乡、郭庄镇、南流乡、七汲镇的29个村庄约1.8万亩[①]耕地上种植的红薯和青贮玉米,遭到数万群众哄抢,当地群众还在抢来的耕地上种上小麦,转入方损失高达数千万元。事后,转入方和政府相互指责,转入方认为群众哄抢是县里的统一组织,而政府则认为"哄抢"是转入方负责人自导自演的一出闹剧。

---

① 1亩≈666.7平方米。

二、有关研究说明

(一) 相关概念说明

1. 农地大规模流转

所谓大规模,是相对于经营能力而言的。如果该地区经营管理水平很高,田间管理科学有效,上万亩也未必算经营规模过大。反之,如果缺乏农业经营能力,管理水平低下,即便几百亩也不一定能实现有效管理,这时几百亩对于该地区来说仍属大规模。因此,大规模与小规模之间并不存在某一个数值的界限。考虑到地形因素,由于平原、丘陵或山区等地理因素的不同,这些地区的人们对于"大规模"的理解也未必一致。基于本书所做的田野调查和经验研究而言,"大规模"以规模不低于 1 000 亩为限。当规模在 1 000 亩以下时,经营者可通过家庭内部合理分工,借助现代化农机装备,实现对流转农地的有效直接管理。当规模超过 1 000 亩时,即便借助于家庭内分工和现代化农机装备,农民也很难实现对流转农地的直接有效管理。

2. 政府主导型农地流转

从农地流转过程中政府与市场的关系出发,农地流转可以分为市场主导型和政府主导型。严格意义上的市场主导型流转,是指包括流转所赖以运行的规则、流转对象、流转标的、租金、期限等一切均由市场决定。完全严格意义上的政府主导型农地流转,其赖以运行的规则、流转对象、流转标的、租金、期限等要素和环节均由政府决定。从现实来看,两者均不存在。就本书而言,市场主导型抑或政府主导型主要取决于政府以何种方式介入或干预农地流转。就通常介入或干预农地流转方式而言,有制定规章制度、提供农田水利设施等农村公共产品、通过财政奖励补贴等手段鼓励农地流转和规模经营、政府主动招商引资推动农地流转、政府介入微观农地流转谈判、建立领导定点帮助联系制度等(常伟、梅莹、李晨婕,2014)。

政府对于农地流转的主导可以分为规则主导和过程主导。规则主导是指政府通过出台相关政策法规,为农地流转设定基础性规则。过程主导则是指政府或政府部门通过行政手段直接作用于农地流转相关过程,直接介入或干预农地流转微观决策。本书所涉及的市场主导型农地流转,是指在政府设定的农地流转相关规则基础上,市场机制在农地流转过程中发挥基础性作用,流转对象、流转租金、流转标的、期限长短等内容均由市场决定,政府不直接干预相关经济主体的农地流转微观决策,即政府规则主导下的过程市场主导型农地流转。而对本书所涉及的政府主导型农地流转而言,更多地是指在农地流转过程中,政府通过财政信贷、招商引资、行政动员等手段,介入或干预农地流转微观决策,替代市场机制发挥作用,并直接作用于流转对象、流转数量、租金水平、流转期限、地块选择等与农地流转有关的一个或多个微观环节,即过程政府主导型农地流转,因而这种流转模式被打上了深深的政府烙印。

(二)研究对象的空间说明

本书主要关注政府主导型农地大规模流转项目,就研究内容来说,属于农业经济与农村经济学研究;就研究范围而言,主要关注农地流转制度的实施问题;就空间范围而言,立足安徽省,面向全国。但由于经费、资料搜集等方面原因,加之安徽农业的典型性,笔者更加关注安徽省内的政府主导型农地大规模流转项目。考虑到政府主导型农地大规模流转项目的出现不完全是随机的,在田野调查对象的选择上,笔者分别选择了安徽省合肥市、宿州市、阜阳市、亳州市、六安市、滁州市、安庆市、芜湖市以及河南省信阳市等地的政府主导型农地大规模流转项目作为调研访谈对象。在转出方入户田野调查上,笔者选择了合肥市肥西县、长丰县以及宿州市的萧县和埇桥区作为调查对象。选择原因如下:其一,这四个县区均为农业大县,在相关农产品生产上具有全国性影响力;其二,肥西县和长丰县属于南方稻作区,而萧县和埇桥区属于北方麦作区,农业生产方式有较大差别;其三,就经济发展程度而言,肥西县和长丰县工业化和城镇化速度较快,而萧县和埇桥区则属于传统意义上的农业大县(区),工业化和城镇化水平有待进一步提高。

(三)数据来源说明

本书所使用的有关宏观数据主要来自政府官网、安徽省历年统计年鉴以及农业部相关统计公报,所使用的微观数据主要来自笔者所做的一系列田野实地调查数据。本书是在笔者围绕本项目所开展的相关前期研究工作的基础上编撰而成的,除文中标注或引用的地方外,不含他人已发表或撰写的相关研究成果。

本书所使用的微观数据状况及来源渠道如下:

(1) 2012年7月和2013年2月针对安徽省肥西县、长丰县、宿州市萧县和埇桥区四县区12个乡镇大规模流转项目区转出方进行调研,发放并回收有效问卷1 010份;

(2) 2012年6月~2015年7月针对安徽省合肥市、宿州市、六安市、蚌埠市、阜阳市、芜湖市、安庆市、滁州市以及河南省信阳市等地市政府主导型农地大规模流转转入方进行调研,所获访谈资料共计34份;

(3) 与安徽省委组织部合作,于2013年10月针对安徽省内到农村挂职担任第一书记的第五批优秀选派干部代表进行调研,发放并回收有效问卷109份;

(4) 与安徽省委党校合作,于2013年11月针对六安市村支书进行调研,发放并回收有效问卷183份;

(5) 与安徽省宿州市委党校合作,于2014年10月针对宿州市委组织部进修班、青干班学员进行调研,发放并回收有效问卷91份;

(6) 笔者于2013年、2014年和2015年组织大学生寒假回乡调研项目,针对仍在种田的留守农民进行调研,发放并回收调查问卷3 033份;针对农民工进行调研,发放并回收有效调查问卷2 282份。

三、主要内容与研究框架

(一) 主要内容

本书紧扣现代化背景,立足于安徽省、河南省等地实地调研数据,并结合其他地区政府主导型农地大规模流转相关实践进行研究,通过相关文献梳理和实地调研,考察政府主导型农地大规模流转实施情况,进而结合政府、农民、转入方的不同行为,探讨政府主导型农地大规模流转相关原因。在此基础上,对于政府主导型农地大规模流转模式的绩效、风险以及实施条件开展深入研究。尤为重要的是,本书初步揭示了政府主导型农地大规模流转背后的一般性规律,研究了政府、转出方、转入方的博弈关系及这一模式下的利益协调机制及现实效果。具体结构安排如下：

第一章为绪论部分。主要介绍问题提出的背景，给出相关研究概念、研究对象的空间说明、数据来源说明，并介绍主要内容、结构框架、研究方法、研究价值、创新与不足。

第二章为相关研究回顾部分。主要描述了相关理论基础、国内外农地流转相关研究以及针对政府主导型农地大规模流转所开展的相关研究，并对相关文献进行评述。

第三章为政府主导型农地大规模流转的背景、现状与特点。首先交代了政府主导型农地大规模流转出现的经济社会背景，并从转出方视角考察了政府主导型农地大规模流转现状以及转出方对政府主导型农地大规模流转的认知情况，继而讨论了项目区外干部群众对政府主导型农地大规模流转的认知问题，并总结归纳了政府主导型农地大规模流转的相关特征。

第四章主要研究了政府主导型农地大规模流转中的期限与租金问题。运用计量模型考察了农地大规模流转中的流转期限选择和流转期限认知问题，并考察了农地大规模流转中的流转租金问题和社会网络的农地流转租金效应。

第五章为政府主导型农地大规模流转的绩效探析。首先探讨了绩效与政府主导型农地大规模流转绩效问题，继而研究了政府主导型农地大规模流转的转出方绩效和转入方绩效，并运用干部调查资料考察了政府主导型农地大规模流转效益与种植结构转换问题，最后研究了政府主导型农地大规模流转模式下的政府绩效问题。

第六章为政府主导型农地大规模流转的风险探析。从风险的含义及分类出发，分别考察了转出方面临的风险、转入方面临的风险、政府面临的风险。

第七章为政府主导型农地大规模流转的实施条件。分别考察了政府主导型农地大规模流转项目对于社会经济等外部条件、转出方、转入方以及政府的要求。

第八章为政府主导型农地大规模流转项目实施中的利益博弈。首先考察了政府主导型农地大规模流转下的不同主体及其诉求，并分别研究了政府与转出方、转入方与转出方、政府与转入方之间的博弈关系，并讨论了农村干部的作用和职能。

第九章为研究结论与政策含义部分。在以上各章研究的基础上，该章给出研究结论及其政策含义。

（二）基本思路

本书的主要目标为系统研究政府主导型农地大规模流转模式的实施问题。基于这一目标,研究人员在前期研究基础上,通过对现有这类流转项目进行调研和分析,得出相关研究结论,并给出政策建议,研究思路框架如图1.1所示。

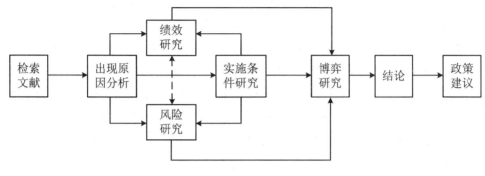

图1.1　研究思路框架

(三) 重点难点

本书研究的重点和难点如下:
(1) 政府主导型农地大规模流转实施条件以及条件间的替代性研究。
(2) 政府主导型农地大规模流转的风险研究。
(3) 政府主导型农地大规模流转模式下的利益协调研究。

四、研究方法

为确保实现研究课题的目标,笔者采用了文献分析、问卷调查、结构化访谈、案例研究、模型建构等方法开展研究。在此基础上给出结论,并提出兼具理论创新性和实证操作性的政策建议。

(一) 文献分析法

所谓文献分析法,简单地说就是基于现有理论、事实和研究需要,以研究内容为中心设计具体的、可以操作的、可以重复的文献研究活动,对有关文献进行分析整理或重新归类研究。文献分析的一般过程包括五个基本环节,分别是:提出课题或假设、研究设计、搜集文献、整理文献和文献综述。

文献分析法具有如下优点：其一，文献分析法突破了时间、空间限制，通过对古今中外的相关文献开展研究，可以最大限度地了解背景和研究现状，这一优点是其他调查方法无法比拟的。其二，文献分析法主要是书面调查，搜集到的文献往往具有较高的真实性，可以获得比口头调查更准确、更可靠的信息，从而避免了口头调查可能出现的种种记录误差。其三，文献分析法是一种间接的、非介入性调查。它只对各种文献进行调查和研究，而不与被调查者接触，不涉及被调查者的任何反应。这就避免了直接调查中经常发生的调查者与被调查者互动过程中可能产生的种种反应性误差，也在一定程度上克服了调查伦理问题所带来的困扰。其四，文献分析法是一种非常方便、自由、安全的调查方法。文献调查分析受外界制约较少，只要找到必要文献就可以随时随地进行研究；即使出现差错，还可通过再次研究进行弥补，因而其安全系数较高。其五，文献分析法省时、省钱、效率高。文献调查是在前人和他人劳动成果基础上进行的调查，是获取背景信息的捷径。它不需要投入大量研究人员、特殊设备，可以用比较少的人力、经费和时间，获得比其他调查方法更多的信息。

本书拟运用文献分析法达到如下研究目的：其一，获得大量背景性资料，深入了解中国农地大规模流转现状，从而为课题研究提供坚实的理论基础；其二，在学习和借鉴他人方法的同时，对所涉及的研究对象开展针对性调查访问，并结合实际问题，提出新观点和新见解。

（二）问卷调查法

问卷调查法也称为"书面调查法"或"填表法"，是用书面形式间接搜集研究材料的一种调查手段，是通过向调查者发出简明扼要的征询单（表），让其填写对有关问题的意见和建议以间接获得材料和信息的一种方法。按照问卷填答方式的不同，又可分为自填式问卷调查和代填式问卷调查。自填式问卷调查，按照问卷传递方式的不同，又可分为报刊问卷调查、邮政问卷调查和送发问卷调查。代填式问卷调查，按照与被调查者交谈方式的不同，可分为访问问卷调查和电话问卷调查。

笔者前往安徽省长丰县、肥西县、萧县、埇桥区、怀宁县、怀远县、定远县、繁昌县、利辛县以及河南省信阳市等地农村进行实地调研，搜集了大量第一手资料。在相关研究中，笔者大量使用封闭式问卷调查，即在先期预调查的基础上，以书面提出问题并运用Likert方法编制成格式化问卷，并由调研人员针对项目区内的当地农民、乡村干部等调研对象,通过一对一询问的方式采集信息,从而保证了调查质量。在此基础上,对相关信息进行编码处理,并对问卷进行汇总整理,进行统计分析和计量分析。

(三)结构化访谈法

结构化访谈又名标准化访谈,是一种社会科学定量研究方法。这种访谈需按照统一的标准和方法选取对象,访谈过程是高度标准化的,即对所有被访问者提出的问题,提问的次序、方式以及对被访者回答的记录方式等应是完全一致的。为确保这种统一性,通常采用事先统一设计、有一定结构的问卷进行访谈。通常这种类型的访谈都有一份访谈指南,其中对问卷中有可能产生误解的地方都有说明。

结构化访谈具有如下优点:(1)访问结果方便量化,可用于统计分析,它是统计调查的一种。与自填问卷相比,结构化访谈的最大特点是能够控制调查结果的可靠程度。(2)方法经济、客观,容易从教育程度低的地方获得资料,而且有调查员在场,可对理解上的疑问加以回答,并可在收回答卷纸时对答案进行检查,因而效度较好、回收率和应答率较高,一般结构化访谈问卷回收率可以达到80%以上,在实际调查中较受欢迎。(3)结构化访谈的应用范围也更广泛,可以自由选择调查事物,也可以询问一些比较复杂的问题,并可选择性地对某些特定问题做深入调查,因而大大扩展了其应用的范围。(4)结构化访谈能在回答问题之外对被访问者的态度行为进行观察,因此可获得自填问卷无法获得的有关访问内容的许多非语言讯息。

结构化访谈方法也存在一些不容回避的缺点:(1)与自填式问卷相比,结构化访谈费用高、时间长,因而往往使调查的规模受到限制。(2)对于敏感性、尖锐性或有关个人隐私的问题,其效度肯定不如自填式问卷。(3)众多人在一起回答时,如果操作不当,易就一些调查事物互相商量,或者发生争论,进而影响回答质量。(4)这种方式还存在所谓团体压力的问题,个别访谈对象担心其回答如果与他人不一致,会给其个人带来某种不便,从而可能改变回答内容。

在实地调研活动中,笔者还较多地运用了结构化访谈法对地方领导干部、转入方负责人进行调查研究。本书其他编写成员以调研对象能够接受的口头访谈形式,根据调研对象的答复收集并甄别相关资料信息,从而最大限度地保证了研究质量。

(四) 案例研究法

案例研究法由美国哈佛大学法学院开创。1870年,兰德尔出任哈佛大学法学院院长时,法律教育正面临着巨大的压力:传统教学法受到全面反对,但法律文献数量急剧增加,这种增加一是因为法律本身具有发展性,且在承认判例为法律的渊源之一的美国表现尤为明显。兰德尔据此认为,"法律条文的意义在几个世纪以来的案例中得以扩展。这种发展大体上可以通过一系列的案例来追寻"。由此拉开了案例研究法在社会科学领域应用的序幕。

案例研究法在法律和医学教育领域中的成功应用进一步激励了其在商业教育领域的应用。洛厄尔在哈佛创建商学院时建议向最成功的职业学院——法学院学习案例研究法,由此哈佛商学院于1908年将案例研究法正式引入商业教育领域。因商业领域严重缺乏可用的案例,哈佛商学院最初仅借鉴了法律教育中的案例法,并在商业法课程中使用案例开展教学。由此,人们开始有针对性地研究和收集商业案例。

案例研究法研究设计程序如下:(1)考察研究的问题是什么。研究要回答的问题直接反映了案例研究的目的,研究者通过搜集整理数据能得到用于回答问题的数据,并最终为案例研究提供帮助。通过对以前相关研究资料的审查,提炼出更有意义和更具洞察力的问题。(2)考察研究者的主张是什么?研究者的主张是引导研究进行的线索,它一般来自现存的理论或假设。无论是建立新的理论还是对现存的理论进行检验,主张的提出都是必不可少的。(3)考察具体的研究单位。研究单位可以是个人、事件或一个实体,如非正式组织、企业、班组等。有时候,可以有主要的分析单位和嵌入的分析单位之分。(4)考察连接数据及命题的逻辑。为了把数据与理论假设联系起来,在设计研究阶段时就必须对理论主张进行明确的表述。(5)解释研究发现的准则。对于分析的结果,研究者可以针对研究的命题给出一个解释,来回应原来的理论命题。

在案例研究法中,案例选择的标准与研究的对象和研究要回答的问题有关,它决定了什么样的属性能为案例研究带来有意义的数据。案例研究可以使用一个案例或多个案例。一般认为,单案例研究可以用作确认或挑战一个理论,也可以用作提出一个独特的或极端的案例。多案例研究包括两个分析阶段——案例内分析和交叉案例分析。前者是把每一个案例看成独立的整体进行全面分析,后者是在前者的基础上对所有的案例进行统一的提炼和归纳,进而得出更准确的描述和更有力的解释。

可以用于案例研究的数据来源包括：(1) 文件；(2) 档案记录，它与文件证据不同，其有用性会因不同的案例研究而有所差异；(3) 访谈记录；(4) 通过直接观察或参与观察所获取的资料；(5) 实体的人造物。

(五) 模型建构法

模型是人们为了达到某种特定目的而对认识对象所做的一种简化的、概括性的描述，是科学研究中对复杂事物进行简单描述的方法。模型建构是一种重要的科学方法，运用逻辑和证据来构造和修改科学解释和科学模型，力图抓住事实的最主要的特征和功能，以简化形式再现原型的各种复杂结构和功能。

数学模型建构的一般步骤如下：(1) 了解问题的实际背景，明确建模目的，搜集各种必需信息，尽量弄清研究对象的特征，观察研究对象，提出问题。(2) 提出合理的假设，即根据对象的特征和建模目的，对问题进行必要的、合理的简化，用精确的语言提出假设，这是建模至关重要的一步。如果对问题所涉及的所有因素均加以考虑，会造成成本过高。这就要求研究者充分发挥想象力、洞察力和判断力，善于辨别主次，使处理方法简单有效。(3) 数学建模，即根据实验数据，运用适当的数学形式对于研究对象的性质予以描述。基于研究对象所提出的假说所蕴含的相关因果关系，运用适当的数学工具，构建各变量之间的方程关系或其他数学结构，并形成数学模型。(4) 模型求解，根据调查或者实验所获取的相关数据，运用解方程、画图形、证明定理、逻辑运算、数值运算等各种数学方法，并且运用计算机技术对于数学模型进行求解，探索相关因果关系是否存在，并结合误差分析和数据稳定性分析，通过进一步的实验或观察等，对模型进行检验或修正。(5) 模型分析，对于模型求解给出的数学结果进行数学上的和相关现实意义上的分析和解释。

笔者搜集了大量数据资料，并对那些难以判断相关关系、需借助数学模型来解决的问题开展研究，为此笔者采用了 Logit、Tobit 等方法，运用统计建模方法加以处理。

五、研究价值、创新与不足

本书紧扣现代化背景,以安徽实地调研数据为主要样本,并且参考其他地区情况,对政府主导型土地大规模流转的问题进行深入研究。通过实地调研和相关文献梳理,研究政府主导型农地大规模流转的实施情况,结合政府、农民、企业的不同行为探讨了农地大规模流转的原因。此外,对政府主导型农地大规模流转模式绩效和风险以及该模式实施条件进行了深入研究。尤为重要的是,本书尝试揭示政府主导型农地大规模流转背后的一般性规律,研究政府、转出方、转入方的博弈关系及这一模式下的利益协调机制及其效果,从实际调查中发现问题并对解决问题给予建议。

(一) 研究价值

本书紧紧围绕农地流转问题,紧扣工业化、城镇化与人口老龄化背景,立足安徽,面向全国,分析相关文件文献、案例和田野调查资料,并分别从转出方、转入方与政府的视角,构建"转出方-转入方-政府"博弈模型,研究政府主导型农地大规模流转问题,探析农地流转问题发展的历史根源,明确政府主导型农地大规模流转问题的历史背景和历史逻辑,进而从历史经验中总结农地流转的经验教训;立足于基本国情,基于政府主导型农地大规模流转现状与特点,分别从转出方、转入方和政府的视角,剖析政府主导型农地大规模流转绩效,评估政府主导型农地大规模流转所面临的相关风险,研究政府主导型农地大规模流转的实施条件,并进一步解析政府主导型农地大规模流转项目实施中的利益博弈关系,试图回答政府主导型农地大规模流转究竟面临什么问题,这一模式是否可行,要面对哪些风险,应以哪种方式对待政府主导型农地大规模流转项目?为农地流转有序推进提供智力和理论支持,这也是本书的学术价值和应用价值所在。

(二) 创新之处

首先,结合宏观社会经济背景研究农地流转制度变革路径。在研究过程中,笔者结合工业化、城镇化和人口老龄化等宏观经济社会背景,以现代化和社会变迁视角,综合相关学科研究成果对政府主导型农地大规模流转问题进行纵向历史比较分析和横向归纳,这也是本书对农地流转研究的一种新尝试。

其次,以探索制度实施为目的对农地流转制度和农地流转问题进行多维度研究。本书综合运用经济学、社会学、政治学、管理学、历史学等相关学科领域内的研究成果,并分别从转出方、转入方以及政府的视角对农地流转制度以及现实农地流转问题开展研究,指出农地流转相关制度及其实施效果是转出方、转入方以及政府等相关各方相互博弈的结果,这也是本书的重要理论贡献。

最后,以推进农村流转实践为目的开展行动研究。为规避政府主导型农地大规模流转所带来的相关风险,确保这种农地流转模式有序进行,使农地流转与工业化、城镇化相适应,笔者还积极开展行动研究,直接参与宿州市国家农村改革试验区建设,先后为国家农村改革试验区制定了总体实施方案、现代农业经营主体培育办法等,并及时总结相关经验,这是本书在实践方面作出的重要贡献。

(三) 不足之处

一方面,本书主要以安徽省内的政府主导型农地大规模流转项目为主要研究对象,调查数据、调查对象有一定的地域局限性,其研究结论可能在一定程度上与全国其他地方实际情况并不完全一致。另一方面,本书在某些研究内容上还不够深入。相关后续研究应主要着眼于国内不同地区的比较,以期进一步完善该项研究。应说明的是,笔者尽管捕捉到了工业化、城镇化、人口老龄化与农地流转制度的关联性特征,并聚焦政府主导型农地大规模流转实践研究,但没有就政府主导型农地大规模流转问题,尤其是风险问题进行深入研究。

第二章 相关研究回顾

一、理论基础

  农地流转涉及产权、租佃制、制度变迁以及规模经济相关研究。
  首先,就产权理论而言,一般认为产权是一种权利,清晰的产权界定是市场得以发挥作用的前提和基础(德姆塞茨,1999;张五常,2000)。但 Coase(1960)指出,在交易成本为零的情况下,产权界定对于资源配置效率没有影响。Wen(1993)对中国农业全要素生产率(TFP)的研究表明,除 1952 年至 1957 年间有过一个极小上升阶段以外,1983 年前集体化时期的 TFP 明显低于 1952 年,这在一定程度上表明了农地产权的重要性。就土地大规模流转而言,田先红和陈玲(2013a)指出,产权是一个阶层竞争关系问题,人们在农地大规模流转中的态度、行为逻辑和行动能力差异取决于其阶层地位。
  其次,就租佃理论而言,相关学者对于地租和租佃问题的研究主要围绕如下三方面展开:其一,地租的性质。就地租的性质而言,大致有两种认识,即剩余说(斯密,1972;马克思,1975;配第,1981;李嘉图,2005)和合约说(田先红、陈玲,2013c)。其二,租佃制度的效率。租佃制度分为分成制和定额制,但哪种制度效率更高,学界并没有得出一致性结论,有的认为分成制效率较高(Wells,1984;Emigh,1997),有的则认为定额制效率较高(Shaban,1987;Laffont、Matoussi,1995),有的认为二者效率一样(张五常,1968)。其三,租金及其决定因素。当前国内学界对租金形成机制的研究大都从农户个体特征,例如年龄、人力资本、耕种意愿、劳动机会成本、资源禀赋、农地产权制度、市场供求关系和发展水平等角度展开(黄祖辉、王朋,

2008;申云、朱述斌、邓莹 等,2012)。吴萍、蒲勇健和郭心毅(2010)的研究表明城镇化、通货膨胀、土地收益、农民固定资产和土地价值存在显著正相关关系。翟研宁(2013)的研究表明,转入方经营土地的超额利润、信息不对称、交易成本以及农地产权不完整对于农地流转租金有影响。

再次,就制度变迁理论而言,诺斯(1994)指出稀缺性将导致竞争出现或升级,从而会选择高效率的制度以代替低效率的制度。Hayami 和 Ruttan(1985)指出要素与产品相对价格的变化引致技术变迁,技术变迁引致制度变迁。Lin(1989)探讨了文化和政府在制度变迁中的作用,指出内生制度有社会经济文化基础,制度交易费用较低,也较能反映制度服务者的需求,但仅靠内生制度供给或诱致性制度变迁容易导致制度供给不足。

最后,就规模经济理论而言。从规模经济视角来看,如果农地经营规模超出转入方的经营能力,将导致平均成本上升和规模收益递减。从增加收益、降低经营成本的视角出发,需要实现适度规模经营(任治君,1995),并非经营规模越大越好。就农地流转规模经营效益问题而言,大致有以下两种观点:一种观点认为农地规模经营在扩大农业机械化、降低劳动投入、提高粮食生产的商品化率、增加农民的农业经营收入方面具有优势,也是改造传统农业的必由之路(范爱军,2003;李燕琼,2007;王德福、桂华,2011)。另一种观点指出,农业家庭经营仍然有着强大的生命力,农地家庭小规模经营效率并不低(罗必良,2000),农业规模经营与农业机械化、粮食生产商品率以及农业劳动生产率提高之间不存在显著的正相关关系(刘凤芹,2006)。

二、国内外农地流转相关研究

在国家政策的推动下,土地流转实践在各地区进行得如火如荼(陆继霞、何倩,2016)。国内针对农地流转的相关研究主要围绕以下方面展开。

(一) 流转状况及存在问题研究

相关研究认为在进城务工人员大规模外出的背景下(常伟,2013),农村人口老龄化越来越严重,在劳动人口持续减少的趋势下(常伟、陈忠玲、王冲,2016),农村土地流转是实现农业适度规模经营的必要前提(陈浩、王佳,2016)。随着农业现代化的不断推进,农地使用权流转速度不断加快(张红宇、姚咏涵,2002),尽管已具有一定规模(陈和午、聂斌,2006),但仍呈现出规模小、期限短、地区发展不均衡、大多处于农户自发阶段、人情关系影响较大、流转制度不规范、农地流转引发的纠纷持续不断等特点(金松青、Deininger,2004;陈和午、聂斌,2006;梅福林,2006;翟研宁,2013),农户间的自发交易对土地规模化经营不会产生显著影响(田传浩、陈宏辉、贾生华,2005),同时也指出农地流转存在法律法规滞后(马晓河、崔红志,2002)、中介服务组织发育不足(邱子平、钟福伦,2001)、融资渠道单一(王敏琴、费灿亚,2016)、农村保障制度滞后(马晓河、崔红志,2002;黄涛、孙慧,2016)、产权制度不完善(张德元,2002;李永安,2016)、利益补偿机制残缺(于传岗,2009)、流转后收入不稳定(李小静,2016)、农村和农业发展后继无人(常伟,2013)、流转收益不适应进城务工人员市民化要求(徐美银,2016;李小静,2016)等现实问题,并从加快农村劳动力转移(马晓河、崔红志,2002)、完善农村土地产权制度(张德元,2002)、创造良好的农地流转环境、建立土地与社保之间的补偿机制(于传岗,2009)、启动农地集中发包机制(于传岗,2009)、构建地权量化流转机制(于传岗,2009)、加强农村社会保障制度建设(黄涛、孙慧,2016;吴萌、甘臣林、任立、陈银蓉,2016;李新仓、于立秋,2016;刘玥汐、许恒周,2016)、强化农地的资产功能(刘玥汐、许恒周,2016;徐美银,2016)、健全完善农村金融支持体系(胡爱华,2016)、减少对农村土地流转过程的行政干预(黎东升、刘小乐,2016)以及推进和支持农业教育(吴萌、甘臣林、任立、陈银蓉,2016)等提出了对策和建议。也有学者提出应强化农地产权制度,降低农地流转的社会生态机会成本(李永安,2016)。另有学者考察了农地流转与农民收入、农民市民化之间的关系,并指出农地流转对农民增收有促进作用(江永红、于婷婷,2016),也会正向影响农业转移人口的市民化倾向(赵智、郑循刚、李冬梅,2016)。

(二)农地流转影响因素

针对农地流转影响因素的研究主要集中在社会经济因素、制度因素以及其他影响因素等方面。就社会经济因素相关研究而言,一般认为社会经济发展水平是农地流转的内在动力(陈永志、黄丽萍,2006;吴云峰,2009;常伟,2010),农民个人特征和家庭特征(田传浩、贾生华,2004;翟研宁、梁丹辉,2013;陆继霞、何倩,2016;张会萍、胡小云、惠怀伟,2016;苏群、汪霏菲、陈杰,2016;张永强、高延雷、王刚毅,2016;吴云青、罗倩、密长林,2016;吴萌、甘臣林、任立,2016)、经济发展程度和社会保障支持程度影响着农地流转的规模(陈永志、黄丽萍,2006;吴云峰,2009;常伟,2010;陆继霞、何倩,2016;张会萍、胡小云、惠怀伟,2016;高海秀、句芳,2016;吴云青、罗倩、密长林,2016),在推进土地流转过程中需要依据当地的社会经济条件,审慎发展土地规模经营(吴云峰,2009)。

制度与市场因素的相关研究主要集中在社会保障制度、产权制度以及市场运行机制三个方面。其一,就社会保障制度而言,已有研究表明,农村土地的社会保障功能是抑制农民长期流转的重要原因(王景新,2001;曲福田、陈海秋、杨学成,2001;吴云峰,2009;徐珍源、孔祥智,2010),要推进规模经营,必须解决农村剩余劳动力的就业和社会保障问题。现阶段农地流转速度不宜过快、范围不能过大,应在农民保有基本土地数量的基础上稳步推进,可在一定程度上减少农民对于新农保制度养老的依赖程度(封铁英、杨洲,2013)。另有研究表明,新型农村合作医疗制度可以显著改善参合农户的健康状况并增强其流转意愿(张锦华、刘进、许庆,2016)。其二,就产权制度而言,现有研究表明:有效的农地产权的界定和保护机制,有助于转入方和转出方形成稳定预期,进而使得土地流转能够较为顺畅地进行(钱忠好,2003;姚洋,2004;田传浩、贾生华,2004)。其三,就市场运行机制而言,田传浩、曲波和贾生华(2004)指出在不同的前提条件下农地市场对地权配置会产生不同的影响。钟文晶和罗必良(2014)从资产专用性视角切入,研究了农地流转期限选择问题,结果表明转出期限选择主要与农户家庭资源禀赋相关,与土地价值的产权维度关系不大。

现有农地制度下的交易成本过高已成为农地流转的障碍,农地确权降低了交易成本(程令国、张晔、刘志彪,2016),促进了农地流转(程令国、张晔、刘志彪,2016;刘玥汐、许恒周,2016;付江涛、纪月清、胡浩,2016),增强了农地的产权强度,也提高了土地资源的内在价值。程令国、张晔和刘志彪(2016)的实证计量结果表明:农地确权使得农户参与土地流转的可能性上升约4.9%,平均土地流转量上升了约0.37亩(将近1倍),土地租金率则上升约43.3%。但也有研究表明,在"三权分置"农地流转产权制度安排下,农地流入虽然会提高农户福利水平,但农地租赁价格对调节资源配置的杠杆效应有限(侯建昀、刘军弟、霍学喜,2016)。

另有学者从成本收益视角讨论了农业比较利益、农民自身禀赋、非农收入等对于农地流转的影响(王德福、桂华,2011;姚洋,2000;杜培华、欧名豪,2008)。也有学者从技术与信息传递视角考察了技术进步以及信息公开程度等对农业规模经营以及农地流转的影响,并指出中介服务组织及信息传递机制发育或进一步完善,可以改善农地流转效率(邵书慧,2005;许恒周、郭忠兴,2007)。

（三）细碎化与规模经营问题

家庭承包经营制度造成了农地细碎化问题的出现（谭淑豪、曲福田、尼克·哈瑞柯，2003），国内学者针对细碎化与规模经营开展了大量研究，相关研究表明农地细碎化带来了农业经营成本的提高（任治君，1995；刘友凡，2001），还通过较高的交易成本抑制了农地规模经营发展（刘凤芹，2006；王兴稳、钟甫宁，2008），运转良好的农地市场可以降低农地细碎化（田传浩、陈宏辉、贾生华，2005），推进城镇化和工业化可以为土地合并和规模经营创造条件（谭淑豪、曲福田、尼克·哈瑞柯，2003；王兴稳、钟甫宁，2008；李瑞琴，2015）。许庆、尹荣梁和章辉（2011）指出，中国粮食生产总体上规模报酬不变，为了提高粮食产量而推行大规模经营政策的方式不足取。

（四）政府与乡村干部行为研究

从已有的研究文献来看，大多数学者认为在农地流转中，政府目标和政府行为直接关乎农民的利益（韩俊，1998；诸培新、刘玥汐，2012；常伟、梅莹、李晨婕，2014），政府对企业的过度扶持是造成农地向企业大规模流转中出现与市场经济原则不符、企业追求利润最大化以及租地不用心经营三种不正常经营行为的原因（谷小勇、张德元，2013）。尚旭东、常倩和王士权（2016）的研究表明，政府行为可以在短期内带来农地规模经营的正向预期，但这种政府介入也导致了农地流转价格攀升。就村集体与村干部的行为来说，学界认识并不一致，如钱忠好（2003）认为农村集体经济组织在农地流转市场上具有的垄断地位可能导致寻租行为的出现，常伟（2014）的研究则表明村集体在处理大规模农地流转方面具有独特优势。

此外，也有学者考察了社会网络与土地流转的关系，并指出强关系网络是推动土地租出者走向合作的行动逻辑，但更高的社会地位和更广的弱关系网络对土地租入者利用资源和获取信息进入土地流转市场的作用更显著（陈浩、王佳，2016）。

国外相关研究大多围绕土地产权和资源配置展开，大多认为土地产权的明晰有助于土地流转，降低交易成本，实现资源优化配置，但需要政府进行适度干预。Feder 和 Onchan（1987）基于泰国三个省份的研究表明，土地产权保障可以通过提供更好的激励措施保障农业资本投入，从而有利于土地改良。Macmillam（2000）则指出农地交易中的市场失灵会降低土地利用率，因而政府干预是必要的。

Gorton(2001)基于摩尔多瓦的研究表明,如果所有权关系不清晰,并且缺乏土地证书,则市场配置农地资源的功能就很难发挥出来。Jin 和 Deininger(2006)发现向中国农户颁发土地承包经营权证书与其农地出租意愿有着显著正相关关系。Binswanger(2009)指出,土地改革需要得到金融、保险市场以及社会保障制度的配套支持,否则改革后会导致经济效益和社会稳定的丧失。在这种环境下,租赁比买卖更有效。

三、政府主导型农地大规模流转研究

政府主导型农地大规模流转的具体实现形式就是政府主导型资本下乡,这一问题既涉及发展型政府,也涉及资本下乡问题,并主要集中在发展型政府、资本下乡和政府主导型农地大规模流转的现状、特征、影响以及对策建议等方面。

(一) 发展型政府研究

一般认为发展型政府就是政府通过加强自身能力建设以及市场协调的方法干预经济以完成和支持相关的发展目标(约翰逊,1988;青木昌彦,2002)。一些学者对于发展型政府理论提出了严厉批评,并认为发展型政府存在政治威权主义、民众参与不足、寻租行为严重等一系列的问题(Krugman,1994;Young,1995),发展型政府的兴起造就了东亚奇迹,而其的衰弱则导致了金融危机的出现(孙沛东、徐建牛,2009)。

中国曾长期实行计划经济体制,政府的影响和作用可谓无处不在,地方政府的政策对于经济发展极为重要。地方政府长期选择经济增长导向而非社会发展导向的相关政策(刘晓英,2008),问责机制的缺陷和不足使得财政收入最大化成为地方政府的主要目标,并驱使其选择性地履行相关职能(郁建兴、高翔,2012),因此地方政府必须实现由发展型政府向服务型政府的转变(郁建兴、徐越倩,2004)。陈玲、王晓丹和赵静(2010)指出地方政府即便提供包括保姆式服务在内的各项优惠政策,只要其采取的手段具有直接干预和倾斜性特点,就不能称其为服务型政府。张汉(2014)指出在分权条件下,中央和地方均具有极为明显的发展型和企业家型特征。

（二）资本下乡研究

在社会转型和农业现代化进程中，资本投入是农业现代化进程中的重要环节（蒋云贵，2013），土地与资本相结合是不可或缺的（陈荣卓、陈鹏，2013；贺莉、付少平，2014）。政府主导型农地大规模流转作为工商资本下乡开展农地流转的具体表现形式，是经济发展阶段性转变、农业现代化的必然结果，也是农村要素配置变化的必然结果（涂圣伟，2014）。近年来，相关学者分别从经济学和社会学等相关领域就资本下乡与农地流转问题开展了相关研究。

其一，资本下乡的作用。就资本下乡作用而言，大致有两种截然不同的认识。一种认为其具有规模经济、知识溢出和社会组织等正面作用（涂圣伟，2014），增加了农业与农村发展需要的资金，有助于解决资金不足难题（郑有贵，2010），有助于现代农业发展和农业供应链升级（马九杰，2013），是农民增收的根本途径（周志太，2013）。从社会发展角度来看，资本下乡使农村逐渐形成了新的社会经济结构，促进了农村村庄新型合作（陆文荣、卢汉龙，2013）。另一种则倾向于认为资本下乡具有消极作用，并指出资本下乡以及随之而来的大规模农地流转，容易形成资本和基层权力的利益链，从而弱化农民的主体地位（郑有贵，2010），严重侵害农民的财富保障安全和财富增值权益（陈荣卓、陈鹏，2013），对乡村治理造成危害（陈靖，2013），并对粮食生产和农民增收（孙新华，2012；陈靖，2013；涂圣伟，2014）、农村基本秩序维护，都将造成严重不利的后果（贺雪峰，2011）。

其二，资本下乡及其产生的相关问题。资本下乡固然在一定程度上有利于农民增收，但也可能伤害到农民利益。现有研究表明，工商资本下乡过程中侵害农户土地权益、农户和工商资本违约等事件时有发生（蒋云贵，2013），不仅损害了农民的合法权益，也给乡村组织带来了政治风险，并且消解村两委的合法性和公信力（吕亚荣、王春超，2012；冯小，2014；谢小芹、简小鹰，2014）。资本下乡及其随之而来的土地流转的发生大多是被动员、被操纵的结果，造成了程序正义与实质不平等的矛盾（郭亮，2011），因此资本下乡致使农民权益受损的原因在于保障机制的缺失（陈荣卓、陈鹏，2013），资本下乡并不可怕，可怕的是农民权益缺乏保障的资本下乡（侯江华，2015；侯江华、郝亚光，2015）。

其三，资本下乡相关对策建议。针对资本下乡可能带来的后果，有关学者分别从政府层面和微观操作层面提出了相关对策建议；涉及政府层面的建议主要有限制资本下乡（贺雪峰，2011）、构建农民利益保护长效机制（陈荣卓、陈鹏，2013）、强化政府准入监管(马九杰,2013)等。涉及微观操作层面的建议主要涉及改善工商资本微观决策(马九杰,2013)、赋予工商资本进入和退出农业自由选择权(涂圣伟,2014)、建立收益增长与分享机制、提高农民组织化程度和政治参与程度(侯江华,2015)等方面。

(三) 政府主导型农地大规模流转的现状、特征、影响以及对策建议的研究

其一,就政府主导型农地大规模流转的现状与特征而言,于传岗(2012)的研究表明农地流转契约长期化、农地流转主体多元化趋势是促进政府主导型崛起的短期因素。政府主导型农地大规模流转具有主体多元化日趋明显、政府介入农地流转规模空前、流转合同长期化、流转费用支付模式有较大的差异、费用支付多样化等新特征(于传岗,2011a、2012),在短期内虽然扩张迅速,但从长期看将面临着衰退的局面(于传岗,2013)。常伟、梅莹和李晨婕(2014)指出政府主导型农地大规模流转受政府行政能力、企业实力、沟通互动机制、社会经济发展水平影响,政府补助会在一定程度上促使企业采取冒险行为,进而导致社会福利的损失;政府介入并主导农地流转为农民收益提供担保,也容易使政府背上巨大的财政包袱。

其二,就影响而言,一方面,流转绩效可以但并不必然导致农业经济效益提升,农业现代化引致的工业化和城市化的规模经济,城乡资源的优化配置(于传岗,2011b);另一方面,不仅导致更多农民被推向劳动市场,致使农民分化加剧,对基层农村治理带来不利影响(王德福、桂华,2011),也使得相关部门利益异化,使得土地面积剧减,威胁国家粮食安全(于传岗,2011b),进而使中国丧失应对各种复杂局面的回旋能力(贺雪峰,2010)。

其三,鉴于政府主导型农地大规模流转中的相关问题,一些学者给出了相关建议,并主要集中在财政补贴、政府行为等方面。就财政补贴而言,相关研究肯定了农业财政补贴的积极意义,但提出仍需进一步规范补贴行为,应采取措施对农业生产技术,尤其是对农业基础设施建设进行补贴(马志远、孟金卓、韩一宾,2011;黄祥芳、陈建成、陈训波,2014)。就政府行为而言,相关研究者提出政府应加快建立土地交易制度,合理介入土地流转(孙少岩,2007),避免对市场过多地干预(陈锡文,2001),制定与农民激励相容的土地政策,推动土地整合集中到劳动能力高的农民手中(陈珏宇、姚东旻、洪嘉聪,2012)。也有学者提出,农地整理有助于提高农业劳动生产率,将劳动力从农业中解放出来,应借鉴和结合台湾地区农地整理的历史经

验,将规模经营与土地整理结合起来(刘民权,2002;刘宪法,2011)。

四、已有文献评述

就政府主导型农地大规模流转而言,以上研究成果为本书相关研究工作的开展提供了必要的理论储备,相关研究方法也颇具借鉴意义。这些研究均为本研究提供了较好的前期基础。相对而言,针对政府主导型农地大规模流转原因分析、适用性、局限性以及这种模式的成本收益配置等相关方面研究较少。就研究方法而言,也不同程度存在着用特定区域和个案研究推断整体的问题,基于大规模实地调研的实证计量分析比较少,本书拟结合实地调研所获取的相关数据和资料,对这些问题予以研究。

第三章 政府主导型农地大规模流转的背景、现状与特点

土地流转对中国社会经济发展、国家粮食安全乃至农业与农村发展有着重大的影响。农地大规模流转模式的出现具有特定的社会经济背景,与中国社会经济发展的阶段性特征有关,还与中国农业现代化进程有关,与农地流转现阶段取得的成就以及出现的相关问题有关,更与工商资本大规模向农业进军有着分不开的关系。因此有必要结合宏观经济背景及田野调查所获得的资料数据,对政府主导型农地大规模流转的背景、现状与特点展开讨论。

一、政府主导型农地大规模流转出现的经济社会背景

(一) 社会经济发展的阶段性特征

经过改革开放 40 年的快速发展,尤其是 2000 年以来,安徽省乃至全国社会经济发展均呈现出若干重要的阶段性特征,并对社会经济各方面产生了深远影响。

1. 工业化与就业结构的阶段性改变

2000～2015 年,我国社会经济处于高速发展状态(GDP 增长以及第一、第二、第三产业发展具体状况见表 3.1),产业结构不断优化(具体状况见表 3.2),第一产业在 GDP 中所占比例已降至 10% 以下,第三产业在 GDP 中所占比例已超过

50%。经济发展以及经济结构的不断优化,不仅创造出了大量物质财富,极大提高了城乡居民收入水平,同样表明中国社会经济发展已进入新阶段。

表 3.1　2000～2015 年全国 GDP 增长状况

	GDP	第一产业	第二产业	第三产业
2000 年(亿元)	89 468.1	14 628.2	44 935.3	29 904.6
2015 年(亿元)	676 708	60 863	274 278	341 567
净增长(%)	655.37	316.07	510.38	1 042.19
年均增长(%)	14.44	9.97	12.82	17.63

数据来源:根据国家统计局相关统计公报推算。

表 3.2　2000～2015 年全国 GDP 构成变化情况

	第一产业比例(%)	第二产业比例(%)	第三产业比例(%)
2000 年	16.4	50.2	33.4
2015 年	9.0	40.5	50.5
增减状况	−7.4	−9.7	17.1

数据来源:根据国家统计局相关统计公报推算。

这一时期安徽经济也处于高速发展状态。GDP 增长以及第一、第二、第三产业发展具体状况见表 3.3,产业结构不断优化(具体状况见表 3.4),第一产业在 GDP 中所占比例下降了 12.9 个百分点,第二产业在 GDP 中所占比例为 51.5%,上升了 8.83 个百分点。这些表明安徽省在工业化发展上已取得了重大进展。

表 3.3　2000～2015 年安徽省 GDP 增长状况

	GDP	第一产业	第二产业	第三产业
2000 年(亿元)	3 038.24	732.20	1 296.31	1 009.73
2015 年(亿元)	22 005.6	2 456.7	11 342.3	8 206.6
净增长(%)	624.29	235.52	774.97	712.75
年均增长(%)	14.11	8.40	15.56	14.99

数据来源:根据安徽省统计局相关年份统计公报推算。

表 3.4　2000～2015 年安徽省 GDP 构成

	第一产业比例(%)	第二产业比例(%)	第三产业比例(%)
2000 年	24.1	42.67	33.23
2015 年	11.2	51.5	34.3
增减状况	−12.9	8.83	1.17

数据来源：根据安徽省统计局相关年份统计公报推算。

同期我国就业结构也随之发生了转变，就业人口从 71 150 万人增长到 77 451 万人。在就业压力较大的情况下，我国就业结构有所优化，并表现为农业就业人口以及就业比例的下降，也表现为非农产业就业人口数量以及就业比例的上升(具体情况见表 3.5)。

表 3.5　2000～2015 年全国就业状况

	第一产业	第二产业	第三产业
2000 年就业人数(万人)	35 575	16 009	19 566
2015 年就业人数(万人)	21 919	22 693	32 839
2000～2015 年增减状况(万人)	−13 656	6 684	13 273
2010 年就业占比(%)	50	22.5	27.5
2015 年就业占比(%)	28.3	29.3	42.4
2000～2015 年就业比例增减状况(%)	−21.7	6.8	14.9

数据来源：据人力资源和社会保障事业发展公报推算。

同期安徽省城乡从业人员从 3 450.7 万人增长到 4 342.1 万人，在就业压力有所增大的同时，就业结构有所优化。第一产业就业人口下降至 662.7 万人，所占比例下降了 26.35 个百分点。与此同时，安徽省第二产业和第三产业就业人口以及就业比例均有较大幅度的上升(具体情况见表 3.6)。

表 3.6　2000～2015 年安徽省就业状况

	第一产业	第二产业	第三产业
2000 年就业人数(万人)	2 018.9	584.8	847
2015 年就业人数(万人)	1 396.2	1 232.1	1 713.8
2000～2015 年增减状况(万人)	−662.7	647.3	866.8
2010 年就业占比(%)	58.5	16.9	24.6
2015 年就业占比(%)	32.15	28.38	39.47
2000～2015 年就业比例增减状况(%)	−26.35	11.48	14.87

数据来源：根据安徽省统计局相关年份统计公报推算。

在优化就业结构的同时,进城务工人员大规模外出有增无减。2015年全国进城务工人员总量达27 747万人,其中赴外地进城务工人员达16 884万人。根据安徽省调查总队提供的数据,2015年安徽省进城务工人员总数为1 858.8万人,其中赴外地进城务工人员有1 371.4万人。进城务工人员的外出促进了农民增收,但也在一定程度上对流出地的经济增长产生了抑制作用(常伟,2013),并为农地规模流转推进创造了必要契机。

2. 城镇化进程快速推进

2000~2015年,中国城市化进程迅猛推进,人口不断向城市集中的趋势愈演愈烈(见表3.7)。2011年全国城镇化率已达51.27%,2015年已上升到56.10%。平均每年上升约1.33个百分点。

表3.7 2000~2015年全国人口城乡分布

	城镇人口(万人)	乡村人口(万人)	城镇人口比例(%)	乡村人口比例(%)
2000年	45 906	80 837	36.22	63.78
2015年	77 116	60 346	56.10	43.90
增减变化情况	31 210	−20 491	19.98	−19.88

数据来源:国家统计局。

2000~2015年,安徽省作为内地欠发达省份,尽管城镇化程度略低于全国水平,但城镇化步伐却加快了(见表3.8)。2015年安徽省常住人口城镇化率首度超过50%,并达到50.5%,同期常住人口城镇化率却上升了22.7个百分点,年均上升1.51个百分点,比全国约高0.19个百分点。

表3.8 2000~2015年安徽省常住人口城乡分布

	城镇人口(万人)	乡村人口(万人)	城镇人口比例(%)	乡村人口比例(%)
2000年	1 664.7	4 321.3	27.8	72.2
2015年	3 102.5	3 041.1	50.5	49.5
增减变化情况	1 437.8	−1 280.2	22.7	−22.7

数据来源:根据安徽省统计局相关年份统计公报推算。

3. 城乡收入差距状况逐步缩小

2000~2015年,我国城乡居民收入在大幅度增加的同时,城乡居民收入差距有所缩小(见表 3.9)。同期全国城乡收入差距先扩大后缩小,城乡收入差距扩大的主要原因可归结为 2001 年中国加入世界贸易组织后城市经济的迅速发展,2006年后城乡收入差距缩小的主要原因可归结为国家出台并实施了多项惠农政策。

表 3.9　2000～2015 年全国城乡居民收入状况

	城镇居民可支配收入	农民人均纯收入(农民可支配收入)	城乡居民收入比
2000 年	6 280 元	2 253 元	2.787
2015 年	31 195 元	10 772(11 422)元	2.896(2.731)
净增长(%)	396.74	378.12(406.97)	
年均增长(%)	11.28	10.99(11.43)	

数据来源:根据国家统计局相关年份统计公报推算。

安徽省社会经济发展水平尽管略低于全国,但在这一时期也出现了城乡居民收入较大幅度增加、城乡居民收入差距有所缩小的趋势(见表 3.10)。从全国范围看,安徽城乡居民收入差距尽管低于全国平均水平,但在全球范围内仍属较高水平。

表 3.10　2000～2015 年安徽省城乡居民收入状况

	城镇居民可支配收入	农民人均纯收入*	城乡居民收入比
2000 年	5 293.6 元	1 934.6 元	3.253
2015 年	26 936 元	10 821 元	2.489
净增长(%)	408.84	459.34	
年均增长(%)	11.46	12.16	

* 2015 年该指标被农村常住居民人均可支配收入所取代,但与 2014 年安徽省农民人均纯收入 9 916 元相比,偏高 9.1%,与统计公报结果基本一致。
数据来源:根据安徽省统计局相关年份统计公报推算。

城乡收入差距较大也在一定程度上促进了土地流转。根据 Harris-Todaro 模型(Todaro,1969、1970;Harris,Todaro,1970),城镇居民相对较高的收入将吸引农民到城市非农业领域就业,使家庭收入来源结构以非农业收入为主,此时农民脱离了农业生产,就可能会把土地流转出去,从而成为农地流转的转出方。而在农业劳动力大规模转移离开农村的条件下,农地规模化供给使得转入土地的市场主体有利可图,从而形成土地规模流转和规模经营的转入方,转出方和转入方的相互博弈使得农地流转市场逐步得到规范和完善。

4. 人口老龄化程度加剧

按照国际通用规则,当一个国家或地区60岁以上老年人口达到人口总数的10%,或65岁以上老年人口达到人口总数的7%,就意味着这个国家或地区已进入老龄化社会。人口老龄化的进程按程度可分为以下几个层次:65岁以上人口占比达到7%为进入老龄化,达到14%为深度老龄化,达到20%为超级老龄化。

根据国家统计局《2014年国民经济和社会发展统计公报》,2014年我国13.67亿总人口中,60岁及以上的老人约有2.12亿,占总人口比例为15.5%;65岁及以上人口数为1.37亿,占总人口比例为10.1%。另据国家统计局《2016年国民经济和社会发展统计公报》,2016年我国13.83亿总人口中,60岁及以上的老人为2.31亿,占总人口比例为16.7%;65岁以上人口数为1.50亿,占总人口比例为10.8%。按照这个标准看,我国已经进入老龄化的门槛,并处于老龄化逐步加深的阶段。就我国65岁以上人口占总人口比例而言,1982年为4.9%,1990年为5.6%,2000年为7.1%,2010年为8.9%,2014年为10.1%,2016年为10.8%。这些数据表明我国的老龄化正呈加速加剧状态。而根据人口变动调查数据获得的老年人口比例比统计公报还要高。据世界卫生组织预测,到2050年,我国将有35%的人口超过60岁,成为世界上老龄化最严重的国家。

尽管城镇化、推迟生育等都会导致生育率降低,但独生子女政策仍是低生育率的重要根源。根据第六次人口普查数据显示,2010年我国0～14岁的青少年占总人口比例仅为16.6%,比10年前下降6.29个百分点,已经处于严重少子化水平。新生儿少了,预期寿命又在增长,老龄化自然加剧。自2000年以来,我国人口老龄化程度不断加剧(见表3.11)。随着人口老龄化程度的不断推进,在可以预见的将来会有大量农村老龄人口逐渐退出农业劳动,从而释放出更多的耕地资源。

表 3.11   2000～2015 年我国人口老龄化状况

	60 岁以上人口		65 岁以上人口	
	数量(万人)	占全国人口比例(%)	数量(万人)	占全国人口比例(%)
2000 年	13 093	10.33	8 821	6.96
2015 年	22 200	16.1	14 386	10.5
净增长	9 107	5.77	5 565	3.54

数据来源:根据国家统计局相关年份统计公报推算。

作为内陆欠发达省份,安徽省人口老龄化程度更深(见表3.12)。截至2015年年底,安徽省60岁以上和65岁以上人口分别为1 062.2万人和720.6万人,占常住人口的 17.29% 和 11.73%，比全国平均水平高出 1.19 和 1.23 个百分点。

表 3.12 2000~2015 年安徽省人口老龄化状况

	60 岁以上人口		65 岁以上人口	
	数量(万人)	占安徽省人口比例(%)	数量(万人)	占安徽省人口比例(%)
2000			445.7	7.45
2015	1 062.2	17.29	720.6	11.73
净增长			247.1	4.28

数据来源：根据安徽省统计局相关年份统计公报推算。

笔者在田野调查中注意到，老龄化问题在农村更加突出。根据笔者于 2012 年 7 月和 2013 年 2 月在合肥市和宿州市针对 1 053 位农民所做的田野调查结果可知，两地共有 60 岁以上的农民 439 人，所占两地总人口比例为 41.7%。

（二）农业现代化的迅猛推进

农业现代化体现在水利灌溉条件、机械化和现代农业生产要素的使用，现分述如下：

1. 灌溉条件不断改善

"民以食为天，食以水为先"。特殊的地理气候条件和传统的种植结构，决定了农田灌溉是我国农业生产最重要的基础条件。新中国成立以来，国家大力发展农业水利，不断完善灌排设施，提升灌溉管理水平，截至 2012 年年底，全国农田有效灌溉面积达到 9.37 亿亩，为实现粮食连续增产发挥了极其重要的作用。近年来，中央作出一系列重大战略部署，提出新时期我国治水兴水的重要战略思想，对我国的灌溉技术发展提出了新要求。为满足未来一个时期内粮食消费刚性增长需求，必须依据我国不同地区的水土资源条件，加快灌溉技术的发展，尤其是大力发展高效节水灌溉，提高单位耕地面积的生产效率，为发展农业生产、提高粮食自给率提供支撑和保障。

党的十八大提出，要促进工业化、信息化、城镇化、农业现代化同步发展。当前，工业化、信息化、城镇化快速发展对同步推进农业现代化的要求更为紧迫。灌溉现代化是农业现代化的重要组成部分。推进灌溉现代化，就是要扭转以往灌排设施建设滞后、耕作规模小而分散、灌溉用水效率和效益低下、管理体制不健全和运行机制不适应的局面，用先进的理念、现代化的灌排设施、高效的节水灌溉方式、信息化的管理手段,推动传统灌溉向现代灌溉转变,提高水资源利用效率和效益,推进转变农业发展方式。当前,水土资源约束趋紧已成为我国灌溉技术发展和粮食生产的最主要制约因素。我国的现状是年平均灌溉缺水量超过300亿立方米,随着工业化、城镇化发展,未来水资源供需矛盾将更加突出,灌溉用水增长空间十分有限。同时,水土资源不匹配,北方地区耕地面积和粮食产量均占全国总量的62%,但水资源量仅占全国总量的19%。党的十八大和十八届三中全会提出了生态文明建设的新理念、新思路、新举措,这就要求当前和今后一个时期,灌溉技术的发展要着力缓解水土资源约束趋紧的矛盾,根据不同区域水土资源条件,有针对性地优化灌溉发展格局、提高资源利用效率、保护生态环境,使灌溉发展与资源环境承载能力相协调。

总体来看,我国农业灌溉条件已有了较大程度的改善。2000年全国有效灌溉面积为53 820.3万亩,2014年全国有效灌溉面积为64 539.63万亩,净增19.92%。就安徽省而言,2000年有效灌溉面积为3 197.21万亩,2014年有效灌溉面积为4 331.69万亩,净增35.48%。有效灌溉面积的增加正是农业现代化所取得的成绩之一,也表明了农业生产条件有了较大改善。

2. 农业机械化迅猛推进

随着农业投入的增加,2000～2014年我国农业机械化获得了较大程度的发展(见表3.13),并大大改善了农业生产技术条件。安徽省作为农业大省,2000～2014年农业机械化水平也获得了快速提高(见表3.14)。无论在安徽省,还是我国其他地区,农业机械化推进主要表现在大型农业机具推广方面。大型农机具的推广有效地实现了资本对劳动的替代,将部分农业劳动力从农业劳动中解放出来,这不仅有利于农民增收,也为农地规模流转提供了必要的技术条件和装备支持。

表3.13 2000～2014年全国农业机械使用状况

	2000年	2014年	净增长(%)	年均增长(%)
农业机械总动力(万千瓦)	52 573.6	108 056.58	105.53	5.28
大中型拖拉机(台)	974 547	5 679 500	482.78	13.42
大中型拖拉机配套农具(部)	1 399 886	8 896 400	535.51	14.12
小型拖拉机(台)	12 643 696	17 297 700	36.81	2.26
小型拖拉机配套农具(部)	17 887 868	30 536 300	70.71	3.89
农用排灌柴油机(台)	6 881 174	9 361 300	36.04	2.22

数据来源:根据国家统计局国家数据网相关数据推算。

表 3.14　2000～2014 年安徽省农业机械使用状况

	2000 年	2014 年	净增长(%)	年均增长(%)
农业机械总动力(万千瓦)	2 975.9	6 365.83	113.91	5.58
大中型拖拉机(台)	14 500	199 300	1 274.48	20.59
大中型拖拉机配套农具(部)	27 993	442 100	1 479.32	21.79
小型拖拉机(台)	1 546 076	2 189 000	41.58	2.51
小型拖拉机配套农具(部)	3 519 187	5 157 300	46.55	2.77
农用排灌柴油机(台)	900 949	399 500	−55.66	−5.64

数据来源:根据国家统计局国家数据网相关数据推算。

3. 化肥施用量进一步增加

2000～2014 年,安徽省及全国其他省市化肥施用量大体上呈上升趋势(见表 3.15、表 3.16)。这种上升表明我国农业产量的增加在很大程度上是以环境恶化为代价的。

表 3.15　2000～2014 年全国化肥使用状况

	2000 年	2014 年	净增长(%)	年均增长(%)
化肥施用量(万吨)	4 146.4	5 995.94	44.61	2.67
氮肥(万吨)	2 161.5	2 392.86	10.7	0.73
磷肥(万吨)	690.5	845.34	22.42	1.46
钾肥(万吨)	375.5	641.94	70.96	3.90
复合肥(万吨)	917.9	2 115.81	130.51	6.15

数据来源:根据国家统计局国家数据网相关数据推算。

表 3.16　2000～2014 年安徽省化肥使用状况

	2000 年	2014 年	净增长(%)	年均增长(%)
化肥施用量(万吨)	253.2	341.39	34.83	2.16
氮肥(万吨)	118.4	111.59	−5.75	−0.42
磷肥(万吨)	42.6	35.73	−16.13	−1.25%
钾肥(万吨)	24.9	32.56	30.73	1.93
复合肥(万吨)	67.3	161.52	140	6.45

（三）中国农地流转有序推进

1. 农地流转相关政策沿革

新中国成立以来，在不同的历史阶段，我国实施了不同的农地流转政策。改革开放前，农地流转在人民公社体制下几乎是不可能的，改革开放后，随着经济运行体制机制的市场化，政府开始逐渐运用市场手段解决农地流转问题（王恒，2015）。20世纪八九十年代，中央虽允许农村开展土地流转，但因担心其会给农村社会经济带来不稳定因素，在农地流转相关政策制定上十分谨慎。近年来中央对农地流转的态度逐渐发生了变化。2012年和2013年的1号文件分别提出"按照依法、自愿、有偿原则，引导土地承包经营权流转，发展多种形式的适度规模经营"以及"引导农村土地承包经营权有序流转，鼓励和支持承包土地向专业大户、家庭农场、农民合作社流转，发展多种形式的适度规模经营"。这些均表明中央力求把农地流转纳入到法治化轨道。相关政策和有关制度变化为农地流转，也为政府主导型农地大规模流转提供了制度基础，同时为相关主体参与农地流转提供了可能。

2. 中国农地流转现状及特征

自20世纪80年代初开始，农地流转曾经长期处于缓慢发展状态，但2000年以后，农地流转逐渐加快推进速度。农业部相关数据显示，2015年年底全国家庭承包耕地流转面积为4.47亿亩，占家庭承包经营耕地总面积的33.3%。全国农地流转情况主要有如下几个方面的表现：

（1）农地流转地区性差异明显，区域发展不平衡。应该说经济发达地区和欠发达地区的农地流转面积和比例均呈现出上升趋势，发达地区的流转比例要高于落后地区（张志华，2012）。经济发达地区因非农就业机会多，农民对农地依赖性较低，将土地流转出去，更有利于他们寻求更多的非农收入，因而流转比例较大（阚立娜、李录堂、文龙娇，2014）。经济欠发达地区由于非农就业机会相对少，部分农民不得不依靠农业经营获得经济收入，因而流转比例相对偏低。但无论是发达地区，还是欠发达地区，农地流转比例均呈现出上升趋势，这与全国大趋势基本一致，但各省市间流转差异显著（邰亮亮，2014），见表3.17。

表 3.17 2000~2008 年全国部分省份流转比例变化状况

	浙江	湖北	河北	四川	陕西	辽宁
2000 年(%)	32	5	7	3	3	11
2008 年(%)	37	20	11	13	5	13

2012年,上海、江苏、北京、浙江、重庆、黑龙江、广东、河南、安徽、湖南等省市的农地流转率分别为60.1%、48.2%、48.2%、42.9%、36.1%、35.7%、28.9%、26.9%、25.7%、25.7%。该年流转面积增幅在30%以上的7个省(市、自治区)分别是:重庆市65.7%、吉林省44.4%、甘肃省39.0%、安徽省38.6%、河南省32.0%、新疆维吾尔自治区30.1%。这表明无论是在发达地区,还是在欠发达地区,农地流转面积均有所扩大。就安徽省而言,2008~2011年全省土地流转分别为730万亩、941.8万亩、1017.7万亩和1197万亩,年均增长16%。据安徽省农委提供的数据,截至2015年年底,安徽省耕地流转总面积为2921.9万亩,耕地流转率已达46.8%。

(2)新型农业经营主体已经成为农地流转的主要转入方。根据安徽省农委提供的数据,合作社、家庭农场、龙头企业等新型农业经营主体流转面积占该省流转总面积的近60%。截至2015年5月,安徽省桐城市农地流转面积已接近该市耕地总面积的69%,其中绝大多数流转给了新型农业经营主体。在农地流转的发展过程中,农业经营规模不断扩大,灌溉设施等得以改善,也在一定程度上提高了农业的比较效益。

(3)农地流转纠纷较多,但大多都得到了有效处置。首先,这表明农地流转纠纷在农地纠纷中所占比例有所上升。2011年、2012年全国仲裁机构分别受理农地流转纠纷6.77万件、7.20万件(张云华,2012)。其次,农地流转纠纷以农户间纠纷为主。在农地流转纠纷中,2011年和2012年分别有农户间纠纷5.03万件、5.36万件;农户与村组集体的流转纠纷分别有0.96万件、1.01万件。农户与其他主体间发生的流转纠纷分别有0.78万件、0.83万件。最后,通过调解大多纠纷得到了较好的解决。2011年以调解方式解决纠纷的有17.75万件,在调解纠纷中,由村委会和乡镇政府调节的分别有10.48万件和7.27万件。2012年以调解方式解决纠纷17.4万件,在调解纠纷中,由村委会调解纠纷的为10.37万件,由乡镇政府调解纠纷的为7.03万件。

(四) 我国农地流转亟待解决的若干问题

1. 农地产权不清晰,流转权利受到限制

在这种情况下,农民很难根据家庭状况作出符合自己意愿的理性选择,因此他们并非真正意义上的土地使用权主体(马晓河、崔红志,2002)。农民虽然可以流转农地,但村两委等集体组织等都可以被称为农地所有权主体,致使土地权属边界模糊不清,农地集体产权问题没有得到彻底解决。在所有权确权中,各地实际做法也有很大差异,如安徽省肥西县将农地所有权给了村集体,安徽省六安市裕安区则将农地所有权给了村民组。由于集体所有权的权属边界不清晰,就可能引发各方对土地的权益争夺,这在城镇化过程中表现得尤为明显。

2. 财富效应以及较低的农村社会保障水平制约了农地流转

尽管农地经营收益相对于其他产业来说较低,但对农民仍具有不可替代的作用。基于财富效应(Katona,1961;Chitre,1975;Juster etc,2006;Femenia etc,2010),在农地承包经营权确权之后,农地承包经营权将成为农民重要的财产权利,因此农民不会轻易放弃和退出农地。不仅如此,在农村社会保障制度有待进一步完善的前提下,农地对于留守农民而言仍具有一定的养老功能,这也在一定程度上制约了农地流转的推进(温铁军,2008;李昌平,2009;曹锦清,2009)。另一方面,大量外出务工人员虽能通过打工获得经济收入,但由于城乡一体化发展滞后,农民子女教育、医疗福利、养老保障等问题均很难得到解决。当农民因年龄原因无法继续打工时,往往会选择回到农村。但无论是依靠新农保养老,还是依靠子女养老,都将十分艰难,土地则可以为其养老提供生活保障(贺雪峰,2010)。

3. 农地流转后的非正常化使用

当农地实现了大规模流转,若转入农地的经营主体不具备经营能力或者无法履行流转时作出的承诺,将带来十分严重的后果。谷小勇和张德元(2013)的研究表明,农地向企业大规模流转存在很大隐忧,并且可能对未来农业发展有害。笔者在实地调查中发现安徽省蚌埠市某企业于2009年在合肥市郊区某县流转土地15 000亩,因经营不善,公司负责人在拖欠农民流转租金和打工工资的情况下"跑路",不仅耽误了一季种植,也给农民带来重大损失,最后迫使政府不得不拿出财政资金来补偿农民的部分损失。

二、政府主导型农地大规模流转现状研究

(一) 转出方视角下的政府主导型农地大规模流转实施状况

1. 转出方的个人特征

转出方个人特征包括性别、年龄、文化程度、政治面貌以及身份等。根据田野调研结果，调研对象个人特征分布如表 3.18 所示。

表 3.18 转出方个人特征分布（$N=1\,010$）

个人特征		频数	比例(%)
性别	男性	544	53.86
	女性	466	46.14
年龄	18~30 岁	37	3.66
	31~45 岁	215	21.29
	46~59 岁	340	33.66
	60 岁及以上	418	41.39
文化程度	小学及以下	599	59.31
	初中	300	29.70
	高中	95	9.41
	大专及以上	16	1.58
政治面貌	中共党员	77	7.62
	群众	933	92.38
身份	村两委干部	44	4.36
	普通村民	966	95.64

就个人特征而言，我们不难注意到以下两个事实：(1) 在全国人口老龄化程度

不断加深的当今,政府主导型农地大规模流转项目区由于农村青壮年劳动力大规模外出,其人口老龄化程度相对更深;(2)项目区内所有调研对象平均受教育年限为7.60年,低于2012年安徽省就业人口平均受教育年限以及安徽省农村就业人口平均受教育年限,这表明该项目区内农业与农村发展面临着人力资本极度匮乏的窘境。

2. 调研对象的家庭特征分布

在本书中,家庭特征主要包括子女、耕地、收入等状况。(1)就子女个数而言,共有1 010位调研对象给出了回答,其中最少的为0个子女,最多的为8个子女,平均每家有2.6个子女。就子女是否外出打工而言,有723位调研对象的子女选择了外出打工,占有效样本总数的71.58%。(2)就家庭人均耕地状况而言,有1 009位调研对象给出了有效回答,其中家庭人均耕地1亩以下的有358人,1~2亩有423人,2亩以上的有228人,分别占有效回答总数的35.48%、41.92%和22.59%。从家庭人均耕地分布状况来说,与全国平均情况相差不大。就农地细碎化情况而言,仅有572位农民给出了有效回答,调研对象多则拥有30块耕地,少则只拥有1块耕地,平均拥有4.89块耕地,这在一定程度上表明农地细碎化已经成为制约农业发展的重大问题。(3)就家庭收入状况而言,家庭收入状况可以从家庭年人均纯收入、人们对于家庭人均纯收入的认知以及家庭主要收入来源等方面加以考察(彭宇文,2012)。

首先,就家庭年人均纯收入而言,共计有1 010位调研对象给出了回答,其中家庭年人均年均收入最低的为300元,最高的为40 000元。所有调研对象的家庭年人均纯收入的简单算术平均值为5 715.71元,这不仅低于2012年和2013年的全国农民人均纯收入,也低于2012年和2013年的安徽省农民人均纯收入。其次,就调研对象家庭年人均收入与周围人群收入状况对比而言,认为比较好的有137人,认为一般的为568人,认为比较差的为305人,所占比例分别为13.56%、56.24%、30.20%,这表明调研对象对自身经济状况总体上评价较低(常伟,2015)。最后,就收入来源而言,一般认为,农民的收入来源包括农业经营收入、工资性收入、土地租金、政府补助、经营性收入(朱佩雯,2014)。调研对象家庭主要收入来源含农业经营收入、工资性收入、土地租金、政府补助、经营性收入的分别为361人、681人、43人、38人、78人,占总有效样本的比重分别为35.74%、67.43%、4.26%、3.76%和7.72%。

3. 调研对象的地域分布

就政府主导型农地大规模流转中的调研对象地域分布而言,来自合肥市长丰县的计248人,来自合肥市肥西县的计205人,来自宿州市萧县的计233人,来自宿州市埇桥区的计324人,在给出有效回答的样本中所占比例分别为24.55%、20.30%、23.07%和32.08%。

(二) 转出方对政府主导型农地大规模流转的认知情况

1. 转出方的政策了解程度、流转状况及其对流转的态度

表3.19中提供的相关数据表明项目区内农民在对农地流转政策了解程度不高的情况下,绝大多数将自己承包的大部分耕地,甚至全部耕地流转了出去。从实施情况来看,除少数农民外,大多数农民对政府主导型农地大规模流转项目认同支持程度较高。

表3.19 转出方的政策认知、流转状况及其态度($N=1\,010$)

个人特征		频数	比例(%)
流转政策了解程度	不大了解	669	66.24
	比较了解	272	26.93
	十分了解	69	6.83
流转相对数量	小部分流转	180	17.82
	大部分流转	237	23.47
	全部流转	593	58.71
转出方态度	非常支持	651	64.46
	无所谓	220	21.78
	不大赞成	137	13.56
	没有回答	2	0.2

2. 转出方对政府主导型农地大规模流转态度的计量分析

如果将转出方对政府主导型农地大规模流转项目认知态度作为因变量,那么我们可以采用离散选择模型开展相关研究。人们一般多采用 Logistic 模型和 Probit 模型对离散选择模型进行估计,由于 Logistic 模型可采用 Logit 变换,且更易估计,因此应用更加广泛。我们选取 Logistic 模型研究。其形式一般是

$$\text{Logit} P = \alpha_0 + \alpha_1 X_1 + \alpha_2 X_2 + \cdots + \alpha_n X_n \tag{3.1}$$

其中,P 为因变量发生概率,$X_1, X_2, \cdots, X_n$ 为自变量,α_0 为常数项,$\alpha_1, \alpha_2, \cdots, \alpha_n$ 为各自变量系数,它表示在控制其他变量的情况下,自变量每改变一个单位所导致的比值的自然对数改变。自变量涉及个人特征、家庭特征、社会资本、流转状况及地域特征等方面。我们将无所谓态度设置为参照组,并分别将因变量设定为非常支持和不大赞成,进而采用多分类 Logistic 模型开展研究。多分类 Logistic 模型原理为:设 Y 为因变量,$X_1, X_2, \cdots, X_n$ 为自变量。以三类结果为例,设三类结果分别为 A、B、C,三类可任意指定一类作为参照组(常伟,2015)。取 $Y=1$ 表示为 A 类,$Y=2$ 表示为 B 类,$Y=0$ 表示为 C 类,设 C 类为参照组,则三类结果的 Logistic 回归模型可以表示为

$$\begin{cases} \text{Logit} P_{1/0} = \ln\left[\dfrac{P(y=1\mid x)}{P(y=0\mid x)}\right] = \alpha_1 + \beta_{11} x_1 + \beta_{12} x_2 + \cdots + \beta_1 p x_p = g_1(x) \\ \text{Logit} P_{2/0} = \ln\left[\dfrac{P(y=2\mid x)}{P(y=0\mid x)}\right] = \alpha_2 + \beta_{21} x_1 + \beta_{22} x_2 + \cdots + \beta_2 p x_p = g_2(x) \end{cases}$$

(3.2)

上述方程组中有 $2 \times (p+1)$ 个参数,其中 p 为自变量个数。第一个 Logit 函数表示 A 类与 C 类比的 Logit,$\beta_1 i$ 表示:A 类与 C 类比,x_i 改变一个单位时,比数比发生的对数值(常伟,2015)。第二个 Logit 函数表示 B 类与 C 类比的 Logit,$\beta_2 i$ 表示:B 类与 C 类比,x_i 改变一个单位时,比数比发生的对数值(常伟,2015;葛莉萍,2015)。由于存在 $P(y=0|x)+P(y=1|x)+P(y=2|x)=1$ 的数量关系,因此只要给出两个 Logit 函数,另一个就可通过减法得到。这里将持无所谓设置为参照组,采用 Eviews 7.0 软件对方程 Logit(1/0) 和 Logit(2/0) 进行估计,并在 10% 的显著性水平下对于方程进行化简,直至变量在至少一个 Logit 模型中显著为止。化简结果如表 3.20 所示。

表 3.20 转出方对政府主导型农地大规模流转态度回归结果（$N=1\,010$）

变量	Logit(1/0)			Logit(2/0)		
	系数	Z 值	P 值	系数	Z 值	P 值
常数项	−1.485 0	−2.733 3	0.006 3	−4.957 5	−5.391 9	0.000 0
中共党员	2.019 4	3.319 5	0.000 9	−1.239 7	−1.406 1	0.159 7
收入来源（含农业收入）	0.883 6	3.569 7	0.000 4	−0.371 9	−1.043 4	0.296 8
便于水利灌溉	2.097 9	5.603 0	0.000 0	−2.707 7	−3.585 1	0.000 3
便于病虫害防治	1.360 1	3.680 0	0.000 2	−0.521 3	−0.768 4	0.442 2
增加农民收入	3.894 1	15.015	0.000 0	−3.085 1	−6.651 8	0.000 0
经营风险太大	−0.781 0	−1.598 1	0.110 0	3.392 1	5.061 4	0.000 0
不适合本地情况	−1.753 3	−2.113 5	0.034 6	3.191 6	4.706 5	0.000 0
群众不支持	−2.473 1	−3.474 7	0.000 5	3.023 3	6.122 9	0.000 0
增收效果不明显	−1.464 0	−3.678 1	0.000 2	2.768 1	7.517 6	0.000 0
流转租金水平	−0.000 4	−0.502 6	0.615 3	0.002 5	2.202 4	0.027 6
对租金很满意	1.486 5	3.929 5	0.000 1	−0.053 9	−0.095 5	0.923 9
感觉租金有些低	−0.817 4	−3.199 3	0.001 4	1.317 3	3.544 2	0.000 4
流转期限太长了	0.226 4	0.906 3	0.364 8	0.871 1	2.462 2	0.013 8
流转期限有点短	1.042 6	1.821 1	0.068 6	0.622 9	0.892 4	0.372 2
萧县	−1.016 8	−3.598 4	0.000 3	0.793 3	1.944 7	0.051 8
麦克法登决定系数		0.572 3			0.628 4	
似然比统计量		752.276 4			503.871 1	
似然比统计量概率		0.000 000			0.000 000	

上述估计结果表明，那些政治面貌为中共党员、家庭收入含农业收入的，认为政府主导型农地大规模流转有助于水利灌溉、机收机种、增加农民收入，对于租金水平很满意，感觉期限有点短的人数与其持"非常支持"态度之间呈显著正相关关系。而那些认为不适合本地情况、群众不支持、增收效果不明显、感觉租金有些低的人数以及地域变量萧县则与转入方持"非常支持"态度之间呈显著负相关关系。而那些认为经营风险太大、不适合本地情况、群众不支持、增收效果不明显、感觉租金有些低、期限有些长的人数以及地域变量萧县与其持"不大赞成"态度之间呈显著正相关关系，而认为有利于水利灌溉、有利于增加农民收入等变量则与持"不大

赞成"态度的人数之间呈显著负相关关系。

就个人特征和家庭特征而言,一方面,中共党员由于拥有一定政治资源,因此对项目一般较了解,持"非常支持"态度的概率要高一些。另一方面,对于那些收入来源含农业性收入的人们来说,由于农业劳动较为辛苦,当他们由于年老体弱难以继续从事农业时,将其流转出去不失为一个现实选择。

对于那些认为政府主导型农地大规模流转有助于水利灌溉、机收机种、增加农民收入等好处的农民而言,政府主导型农地大规模流转带来的好处强化了他们的支持态度,并使得他们持"非常支持"态度的概率明显较高(谢学鹏,2013)。

那些对于租金很满意、感觉租金期限有些短的农民,在一定程度上也是政府主导型农地大规模流转的受益者。而那些认为不适合本地情况、群众不支持、增收效果不明显的人们可能是政府主导型农地大规模流转项目实施过程中的利益受损者,因其利益受损使得他们持"非常支持"态度的概率明显偏低。地域变量"萧县"为负,在一定程度上可能与萧县财力有限、前期群众工作不扎实有关,也有可能与群众认识有关,这在一定程度上表明在萧县开展这类项目的时机尚不成熟。

那些认为经营风险太大、不适合本地情况、群众不支持、增收效果不明显、感觉租金有些低、期限有些长以及来自萧县的人们因为其可能是政府主导型农地大规模流转项目实施过程中的利益受损者,相对于其他调研对象持"不大赞成"态度的概率明显偏高。而那些认为便于水利灌溉、有利于增加农民收入的人们可能是政府主导型农地大规模流转项目的受益者,他们持"不大赞成"态度的概率明显偏低。

3. 转入方对政府主导型农地大规模流转项目的评价

人们对于政府主导型农地大规模流转有着不同看法,针对项目区内参与政府主导型农地大规模流转项目的群众所进行的调研结果表明,认为它有一定好处以及认为它存在一定不足的分别有697人和214人,相当于全部调研对象的69.01%和21.19%。在那些认为政府主导型农地大规模流转项目存在一定好处的调研对象中,其中有249人认为有利于水利灌溉、254人认为便于机收机种、197人认为便于病虫害防治、595人认为有助于增加农民收入,分别占调研对象总数的24.65%、25.15%、19.50%和58.91%。那些认为政府主导型农地大规模流转项目存在问题和不足的调研对象中,其中有66人认为这种模式经营风险太大、有33人认为不适合本地情况、61人认为群众不支持、118人认为增收效果不明显,分别占调研对象总数的6.53%、3.27%、6.04%和11.68%。这表明在作为农地转出方的农民看来,政府主导型农地大规模流转的确在一定程度上有助于推进农业现代化和农民增收,但在小部分群众看来,这种流转模式也的确存在着增收效果不明显、经营风险大、群众不支持等问题。

4. 政府主导型农地大规模流转的实施过程

就政府主导型农地大规模流转以及签约而言,大致可以区分为两个阶段,第一个阶段为谈判阶段,第二个阶段为签约阶段。就谈判阶段而言,作为转出方的农民,其面对的直接谈判方主要包括亲友、村干部、乡镇干部和转入方。实地调研结果显示,就转入方期望的谈判对象而言,有1 010位调研对象给出有效回答,其中希望与亲友谈、与村干部谈、与乡镇干部谈、与转入方谈的分别为2人、808人、80人、163人,占全部调研总数的 2.18%、80%、5.94%和14.36%。而四者之和大于100%则表明在政府主导型农地大规模流转相关决策中,作为转出方的农民十分慎重,倾向于从多个方面获取信息。在就实际面对的谈判对象给出有效回答的1 010位调研对象而言,与亲友谈的有16人、与村干部谈的有840人、与乡镇干部谈的有80人、与转入访谈的有163人,占调研对象总数的1.58%、83.17%、7.92%和16.14%,这四者之和大于100%则表明流转谈判过程艰苦,部分农民需要得到多方承诺才能消除疑虑。就签约对象而言,与村两委签约的为653人、与乡镇政府签约的为24人、与转入企业签约的为269人,另有64人拒绝回答,所占比例分别为64.65%、2.38%、26.63%和6.34%(常伟,2015)。从谈判和签约过程来看,乡村干部和村两委在政府主导型农地大规模流转项目实施过程中所发挥的作用十分重要。

5. 政府主导型农地大规模流转的流转期限、租金与矛盾化解

流转期限和流转租金是农地流转中最核心的两个问题。就流转期限而言,调研对象的回答的简单算术平均值为9.445 5年,其中最长的为30年,最短的为1年。其中有324人认为流转期限太长了、604人认为流转期限正好、82人认为流转期限有些短,分别占有效样本总数的32.08%、59.80%、8.12%。这表明大部分调研对象对流转期限感到满意,但也有一部分调研对象感觉流转期限太长。

就流转租金而言,调研对象的回答的简单算术平均结果为每亩699.4元,其中租金最高的为每亩1 200元,最低的为每亩250元。在对于流转租金是否满意的相关回答中,有1 007人给出了有效回答,其中表示"很满意"的有204人、表示"都差不多,无所谓"的有364人、表示"不满意,有点低了"的有389人,分别占样本总数的20.20%、36.04%和38.51%。

在实地调研中,笔者还针对农地流转租金设置了另外两个问题,一种是"如果将土地交给亲戚朋友种,您打算每亩收多少钱?"另一种是"如果交给其他人来种,你打算每亩收多少钱?"共有833人给出了有效回答。就第一个问题而言,回答的简单算术平均结果为每亩554.6元,最低的不收钱,最高的打算每亩收取2 000元。就第二个问题而言,回答的简单算术平均结果为每亩746元,最低的不收钱,最高的打算每亩收取2 000元。后者与前者的简单算术平均结果之间存在着每亩191.4元的差价,这一差价在某种程度上体现了农村亲友关系所具有的经济价值。就二者比较而言,有519人认为如果交给亲友种则收取的租金会低一些;有291人表示交给亲友种和交给其他人种收取的租金一样;但也有23人认为应向亲友收取更高的租金,分别占样本总数的比例分别为51.39%、28.81%和2.3%。这表明作为社会资本的农村内部亲友关系仍具有较强的经济价值,但其经济价值也在一定程度上会被市场经济给农村所带来的巨大影响抵消。至于那些认为应向亲友收取更高租金的人,他们并非认为亲友关系的社会资本价值为负值,而是通过一种策略性行为阻止亲戚朋友试图运用亲友关系从他们那儿获得农地经营权。

就租金支付方式而言,有983位调研对象给出了有效回答。其中接受了"每年一付,年初结清"的农民为199人、"每年一付,年中结清"的为132人、"每年一付,年底结清"的为378人,"一年两付,半年付一次"的为274人,分别占有效样本总数的19.70%、13.07%、37.43%和27.13%。就租金是否按时支付而言,有962位调研对象给出了有效回答,其中按时给付的为741人、基本按时给付的为116人、没有按时给付的为105人,分别占有效样本总数的73.37%、11.49%和10.40%。

6. 政府主导型农地大规模模式下的矛盾及其化解

矛盾纠纷处理问题直接关系到农地流转项目的实施效果。就流转后是否与转入方产生过矛盾的问题,有975位调研对象给出了有效回答,其中表示产生过矛盾的有179人,没有产生过矛盾的有796人,这表明政府主导型农地大规模流转项目总体上得到了作为转出方的农民群众的认可。如果产生矛盾,作为转出方的农民打算如何解决矛盾呢?对此有864人给出了回答,具体结果如表3.21所示。这一结果表明在政府主导型农地大规模流转项目中,村两委以及乡镇政府在矛盾纠纷解决过程中发挥的作用很难被替代。就矛盾最终是否得到解决的问题,有233人给出了有效回答,其中有112人表示解决了、121人表示没有解决,所占比例分别为48.07%和51.93%。这表明政府主导型农地大规模流转项目在推进和实施过程中,产生的纠纷和矛盾仍有待于进一步化解和处理,而这些化解纠纷的重任在大多数情况下会落在村两委的肩上,并由村干部出面解决矛盾。

表3.21 如果产生矛盾,会找谁解决($N=864$)

	转入方	村两委	乡镇政府	县政府	新闻媒体
频数	17	763	59	8	17
比例(%)	1.97	88.31	6.83	0.92	1.97

三、项目区外干部群众对政府主导型农地大规模流转的认知

(一) 项目区外群众对政府主导型农地大规模流转的认知情况

1. 项目区外群众对于政府主导型农地大规模流转的认同程度

2013~2015年,笔者对非项目区的群众进行了调研,这些群众包括3 033位农民和2 282位进城务工人员,因此可以在一定程度上反映现在仍在种田的农民以及在外打工的进城务工人员对于政府主导型农地大规模流转问题的看法。在调研所涉及的3 033位仍在种田的农民中,有2 921位农民就是否听说过政府主导型农地大规模流转项目给出了回答,其中有2 885位农民表明了其对于政府主导型农地大规模流转项目的相关态度。在调研所涉及的2 282位在外打工的进城务工人员中,有2 092位进城务工人员就是否听说过政府主导型农地大规模流转项目给出回答,其中有2 088位进城务工人员表明了其对于政府主导型农地大规模流转项目的相关态度。如表3.22所示,就是否听说过政府主导型农地大规模流转项目而言,留守务农的农民听说过的比例要略高于在外打工的进城务工人员听说过的比例,这可能是因为当进城务工人员外出打工时,其对于农业生产和农地流转等方面就不再像以往那样关注。再就是否支持政府主导型农地大规模流转项目而言,项目区外的种田农民所占比例略高于进城务工人员所占比例。

表 3.22　项目区外群众对政府主导型农地大规模流转的认同程度

	是否听说过				是否支持					
	听说过	比例(%)	没听说过	比例(%)	非常支持	比例(%)	无所谓	比例(%)	不大赞成	比例(%)
农民	1 920	65.73	1 001	34.27	1 384	47.97	1 069	37.05	432	14.98
进城务工人员	1 096	52.39	996	47.61	711	34.05	1 052	50.38	325	15.57
总计	3 016	60.16	1 997	39.84	2 095	42.13	2 121	42.65	757	15.22

总体上来看,项目区外的群众持"非常支持"态度的比例比项目区内参与流转的群众低 22.33 个百分点,而持"无所谓"态度的占比比项目区内参与流转的群众高 20.87 个百分点,持"不大赞成"态度的占比则比项目区内参与流转的群众高 1.66 个百分点。这种差异在一定程度上体现了群众基础的差异。但项目区外群众对政府主导型农地大规模流转项目持"非常支持"态度的比例达 42.13%,而项目区内的农民政府主导型农地大规模流转项目的占比达 47.97%。这一事实本身表明,与项目区内群众相比,非项目区的群众虽对政府主导型农地大规模流转认同程度相对略低,但这一政策仍有广泛的支持者。

2. 项目区外群众对政府主导型农地大规模流转好处与不足认知状况

项目区外群众对于政府主导型农地大规模流转项目同样有着自己的认识,对于政府主导型农地大规模流转项目相关好处的认同程度有的甚至超过了项目区内的群众(见表 3.23)。就调研区域以外的 3 033 位农民和 2 282 位进城务工人员在内的 5 315 位受访者而言,有 3 901 位调研对象认为这类项目具有一定好处,与总体受访者之比高达 73.40%,其中包括 2 295 位留守农民和 1 606 位在外打工的进城务工人员,与这两种受访者的总体之比分别为 75.67% 和 70.38%,比项目区内参与这种项目的农民认知程度还要略高一些。就具体好处而言,项目区外群众对这类项目会带来便于水利灌溉、便于机收机种、便于病虫害防治等相关好处的认同程度分别比项目区内群众高 10.18、19.38 以及 8.46 个百分点。表 3.24 同样表明,在一定程度上项目区外的群众对这种项目有利于农民增收的观点的认同程度比项目区内群众低 9.80 个百分点。

表 3.23　项目区外群众对政府主导型农地大规模流转好处的认同程度

	农民	占比（%）	进城务工人员	占比（%）	总计	占比（%）
便于水利灌溉	1 079	35.57	772	33.83	1 851	34.83
便于机收机种	1 380	45.49	987	43.25	2 367	44.53
便于病虫害防治	855	28.18	631	27.65	1 486	27.96
有助于农民增收	1 515	49.95	1 095	47.98	2 610	49.11

应该说明的是，项目区外群众对于政府主导型农地大规模流转项目同样有顾虑，这种顾虑在一定程度上要超过项目区群众（见表 3.23）。就调研区域以外的 3 033 位农民和 2 282 位进城务工人员在内的 5 315 位受访者而言，有 2 831 位调研对象认为这类项目存在不足，占受访者总人数的 53.28%，其中包括 1 602 位留守农民和 1 219 位在外打工的进城务工人员，与这两种受访者的总体之比分别为 52.82% 和 53.42%，比项目区内参与这种项目的农民认知程度分别高 32.09、31.63 和 32.23 个百分点。

应该指出的是，项目区外的群众对于政府主导型农地大规模流转项目不足也有所了解。具体结果如表 3.24 所示。表 3.24 表明，项目区外群众对于这种项目经营风险太大、不适合本地实际、群众不支持、增收效果不明显的观点的认同程度分别比项目区内群众高 12.68、18.84、10.05 以及 13.59 个百分点。这表明项目区外的群众对于政府主导型农地大规模流转项目心存较多的担忧和顾虑。

表 3.24　项目区外群众对政府主导型农地大规模流转不足的认同程度

	农民	占比（%）	进城务工人员	占比（%）	总计	占比（%）
经营风险太大	583	19.22	438	19.19	1 021	19.21
不适合本地实际	688	22.68	487	21.34	1 175	22.11
群众不支持	496	16.35	359	15.73	855	16.09
增收效果不明显	693	22.85	650	28.48	1 343	25.27

综合来看，项目区外群众对政府主导型农地大规模流转项目持一定支持态度，但对这类项目有顾虑的群众所占比例也较高。这表明对大多数地区而言，推动政府主导型农地大规模流转的时机尚不成熟。

3. 项目区外干部对于政府主导型农地大规模流转的相关认知情况

（1）项目区外干部对于政府主导型农地大规模流转的认同程度。2013～2014

年，笔者就政府主导型农地大规模流转问题调研了包括180位村支书、112位曾挂职第一书记的各级党政干部(以下均简称"第一书记")以及91位县乡干部在内的共383位干部。

就项目区外干部是否听说过政府主导型农地大规模流转项目而言，具体结果如表3.25所示。相对于农民和进城务工人员而言，干部对于农地流转，尤其是政府主导型农地大规模流转关注程度要高很多。

表3.25 项目区外干部是否听说过政府主导型农地大规模流转项目

	听说过	比例(%)	没听说过	比例(%)
村支书	156	91.76	14	8.24
第一书记	79	77.45	23	22.55
县乡干部	68	79.07	18	20.93
总计	303	84.64	55	15.36

应该指出的是，干部们对于政府主导型农地大规模流转项目有着自己的看法和感触，如表3.26所示。表3.26说明，尽管大多数干部对于政府主导型农地大规模流转项目持乐观的态度，但也有将近一半的干部对此不看好，这表明广大干部对于这类项目的看法持谨慎的乐观的态度。

表3.26 项目区外干部对于政府主导型农地大规模流转项目的前景判断

	非常乐观	比例(%)	比较乐观	比例(%)	一般	比例(%)	不太乐观	比例(%)	很不乐观	比例(%)
村支书	22	13.41	65	39.63	58	35.37	15	9.15	4	2.44
第一书记	3	3.09	40	41.24	45	46.39	9	9.28		
县乡干部	11	12.22	45	50	23	25.56	9	10	2	2.22
总计	36	10.26	150	42.74	126	35.9	33	9.4	6	1.7

课题组就干部本人是否支持政府主导型农地大规模流转项目询问了352位干部，具体回答结果如表3.27所示。表3.27说明尽管一些干部对此不看好，但其仍然对政府主导型农地大会规模流转项目持支持或比较支持态度，这种结果可能与我国行政体制有关。

表 3.27 项目区外干部本人是否支持政府主导型农地大规模流转项目

	非常支持	比例(%)	比较支持	比例(%)	无所谓	比例(%)	不太支持	比例(%)	很不支持	比例(%)
村支书	68	42	70	43.75	16	10	5	3.12	1	0.63
第一书记	40	39.22	35	34.32	13	12.74	12	11.76	2	1.96
县乡干部	54	60	16	17.78	6	6.67	13	14.44	1	1.11
总计	162	47.52	121	34.34	35	9.94	30	8.52	4	1.14

(二) 项目区外干部对于政府主导型农地大规模流转相关好处与不足的认知

一些干部针对政府主导型农地大规模流转项目相关好处与不足表达了他们的看法。就项目区外干部对政府主导型农地大规模流转好处的认同程度而言，可以分别从便于水利灌溉、便于机收机种、便于病虫害防治以及有助于农民增收几方面来看（见表3.28）。就便于水利灌溉而言，项目区外干部的认同程度与项目区外群众的相比，要高2.59个百分点，比项目区内群众的认同程度高12.95个百分点，第一书记对此观点的认同程度普遍偏低，而村支书和县乡干部对此认同程度较高。就便于机收机种而言，与项目区外群众认同程度相比低5.27个百分点，比项目区内群众认同程度高12.19个百分点，第一书记和县乡干部对此观点的认同程度偏低，而村支书对此观点的认同程度较高。就便于病虫害防治而言，与项目区外群众认同程度相比低2.95个百分点，比项目区内群众认同程度高4.26个百分点，第一书记和县乡干部对此观点的认同程度偏低，而村支书对此观点的认同程度较高。就有助于农民增收而言，比项目区外群众认同程度相高18.67个百分点，比项目区内认同程度高7.61个百分点，相对之下，县、乡干部对此认同程度略低，但也超过了50%。

表 3.28 项目区外干部对政府主导型农地大规模流转好处的认同程度

	村支书	占比(%)	第一书记	占比(%)	县乡干部	占比(%)	总计	占比(%)
便于水利灌溉	93	51.67	15	13.39	36	39.56	144	37.60
便于机收机种	104	57.78	30	26.79	9	9.89	143	37.34
便于病虫害防治	70	38.89	10	8.93	11	12	91	23.76
有助于农民增收	120	66.7	84	75	48	52.75	262	65.8

应当指出的是，项目区外干部对政府主导型农地大规模流转项目不足的一面也有所了解（见表3.29）。表3.29表明，在项目区外干部看来，政府主导型农地大规模流转需要关注风险问题、地域适应性和群众基础问题，也认为很多这类项目并没有明显起到促进农民增收的作用。进一步计算结果表明，项目区外干部对于这种项目经营风险太大、不适合本地实际、群众不支持、增收效果不明显的认同程度分别比项目区外群众高9.17、2.53、10.91、28.15个百分点，分别比项目区内群众认同程度高18.8、19.18、19.81和40.57个百分点。

表3.29 项目区外干部对政府主导型农地大规模流转不足的认同程度

	村支书	占比（%）	第一书记	占比（%）	县乡干部	占比（%）	总计	占比（%）
经营风险太大	56	31.1	18	16.07	23	25.27	97	25.33
不适合本地实际	51	28.33	26	23.21	9	9.89	86	22.45
群众不支持	77	42.78	16	14.29	6	6.59	99	25.85
增收效果不明显	70	38.89	69	61.61	61	67.03	200	52.22

针对项目区外干部的调查进一步表明，政府主导型农地大规模流转项目的积极作用有目共睹，但其不足之处也很明显。就更广泛的范围而言，推动政府主导型农地大规模流转的时机尚不成熟，不宜为追求所谓的"轰动效应"而盲目推进。

四、政府主导型农地大规模流转的特征

（一）转入主体多元化

政府主导型农地大规模流转项目转入方呈现出多样化的特点，从笔者针对肥西县、长丰县、萧县和埇桥区的田野调查结果来看，转入方既有来自本地的，也有来自外地的，既包括种植大户、合作社，也包括企业（其中有农业企业，也有非农业企业）。

就转入主体来源而言，有352位干部给出了有效回答，如表3.30所示。表3.30给出的结果表明，在项目区外的干部看来，这类土地流转项目的转入主体来

自本地和外地的均较多,不能简单地断言来自本地的多抑或外地的多。

表 3.30　关于转入方来源的干部调查状况

	转入方来自本地	比例(%)	转入方来自外地	比例(%)
村支书	70	41.67	98	58.33
第一书记	39	41.49	55	58.51
县乡干部	54	60	36	40
总计	163	46.31	189	53.69

就转入方性质而言,项目区外干部们共计给出了 445 个频次的回答,结果如表 3.31 所示。这些回答也表明转入方以种植大户以及与农业有关的企业居多,合作社、农业企业以及与农业无关的企业相对较少。

表 3.31　转入方性质干部调查频次分布状况

	种植大户	合作社	农业企业	与农业有关的企业	与农业无关的企业	合计
村支书	89	53	11	24	7	184
第一书记	46	12	20	44	9	131
县乡干部	36	22	27	41	4	130
总计	171	87	58	109	20	445

在与农业部门领导的座谈中,笔者了解到一些国有大型企业凭借着与政府的良好关系,也来到农村从事大规模农地流转活动。如上市企业安徽辉隆农资集团于 2010 年 9 月 29 日前往滁州市全椒县和该县襄河镇八波村负责人签约流转该村 33 个村民组共 1.2 万亩土地。截至 2014 年 11 月,襄河镇累计流转土地 6.77 万亩,占该镇耕地总面积 84.6%。资本大规模下乡在一定程度上说明现代农业发展需要资本,资本下乡给农村带去了技术和人才,有利于促进土地经营的规模化,推动农业生产产业化,提高土地资源优化配置效率,但对其的消极作用应予以充分关注和警惕。

(二) 政府介入程度高

目前状况下,按照干预程度强弱进行划分,政府介入农地流转的方式有如下几种:

首先，通过财政奖励和补贴等手段鼓励农地流转和规模经营。以安徽省怀远县为例，根据该县于2012年3月出台的土地流转考核办法，如在该县流转了50 000亩土地，4年后可拿到市县两级政府补贴4 000万元。这种做法增加了转入方的农业生产经营成本，也在一定程度上限制了市场资源配置功能，但考虑到农业的高风险和正外部性特征，这种做法也有一定道理。

其次，政府通过招商引资等方式吸引工商资本从事农地规模流转项目。这种做法既有成功的典型，如由宿州市供销社牵头，市政府通过招商引资引进的振峰药业落户埇桥区蒿沟乡，极大地促进了当地的社会经济发展，并且使农民收入增加。但也不乏失败的案例，如合肥市某县政府通过招商引资引入的蚌埠市某公司在该县流转了15 000亩土地，最后以该公司"跑路"、项目失败告终。一旦流转失败，政府便不得不为其在招商引资过程中所作出的承诺而买单。

再次，政府介入微观农地流转谈判。在政府招商引资带来的农地流转谈判过程中，政府往往会通过动员乡镇干部和村干部，或者从有关单位抽调精兵强将，成立农地流转项目组或工作队，通过反复动员、说服来做通流转项目区农户的思想工作，以此推进农地流转。但租金价格往往与市场主导型下的农地流转租金价格存在一定偏差，有些地区，如合肥市的肥西县和长丰县相对偏低，但也有的地区，如宿州市的萧县和埇桥区偏高。

最后，建立领导定点联系制度。针对一些政府主导型大规模流转项目，一些地方甚至建立了政府领导定点联系制度。在这一制度下，政府领导与转入方建立了更为密切的工作关系，转入方与政府领导之间建立了更顺畅的沟通渠道，因而更有条件在财政补贴等诸多方面得到政府的有力帮助。

（三）流转期限相对较长

在调研过程中，笔者注意到，在农地大规模流转中，流转期限短则1年，长则30年，但总体来说流转期限偏长。笔者对安徽省合肥市长丰县、肥西县，以及宿州市萧县、埇桥区的调查表明平均年限达9.45年，其中流转期限为5年以下的有230户，流转期限为5～10年的有417户，流转期限为10～20年的有273户，流转期限为20年及以上的有90户，所占比例分别为22.77％、41.29％、27.03％和8.91％。总体来看，农地流转期限均较长。在不考虑其他因素的情况下，较长的流转期限长有利于农业基础设施建设，有利于农业现代化和规模化经营，也有利于转入方的长期经营活动。

（四）农地流转租金和经营成本偏高

在农地大规模流转中，即便地方政府可以提供财政补贴，仍需转入方投入大量的时间和资源。由于近年来，农地流转租金上涨较快，因此选择较短的流转期限，以提高自己的市场地位和博弈能力，就成为了农民的理性选择（赵佳、姜长云，2013）。以地处皖北地区的宿州市为例，随着农业税的废除和中央惠农政策的不断出台，农地收益明显上升，流转租金也随之由每亩 200 元以下上升至 2008 年的每亩 500～800 元。截至 2014 年夏，农地流转租金已接近每亩 1 200 元。此外，人员工资、种子、肥料、农业机械、仓储设备等仍需大量投入，即便是经济实力较强的新型经营主体，也经常感到资金运行压力很大。

（五）农地流转后大量存在"非粮化"经营现象

在农地流转租金居高不下的情况下，农地流转后"非粮化"现象愈发明显（易小燕、陈印军，2012）。从个人选择层面来看，流转后经营结构的"非粮化"是包括农民在内的相关经营主体基于成本收益的理性选择。但从长期来看，这种流转后经营结构的"非粮化"，可能引起粮食播种面积减少，进而导致粮食产量下降，从而给国家粮食安全带来较大压力。"非粮化"形成的原因与农产品价格体系不合理、制度设计不当有关，也是自然条件、地理环境和制度环境约束下市场选择的结果，并可能在一定程度上导致农业生产结构和农业生产区域布局的优化。

（六）经营风险大，对转入方能力要求高

农地大规模流转需要经营实力强、有农业经营经验、具备农业技能、善于和农民打交道的转入方。相比之下，一些过去有过农业经营，或者从事与农业有相关关系的经营活动的企业，他们对农业谙熟于胸，并具有较强的经营能力，从事大规模流转更容易成功。笔者也注意到，一些大型国企或民营企业，因看好农业前景，在政府招商引资政策的吸引下，进军农业并大规模流转土地，经营效果却不理想，好点的能勉强保持盈亏平衡，更多的则是严重亏损。之所以这样，主要是因为这些企业对农业生产经营的相关特征把握不足，农业经营能力较差（常伟、梅莹、李晨婕，2014）。自 2002 年开始流转土地，2009 年被农业部授予"全国种粮大户"称号，经

营规模达 6 000 亩之多的安徽萧县天之润农民合作社总理事长李希珍表示,那些没有农业生产经验的流转主体如果要搞大规模流转,至少要做好亏损三年的准备,才有可能弄清楚农业是怎么回事。

流转后,企业对经营品种的选择也十分重要。一般来说,种植粮食作物的风险相对较小,单位收益相对较少,但收益稳定,如果经营规模大,其收益也十分可观(常伟、梅莹、李晨婕,2014)。蔬菜、中药材等特色经济作物因市场价格波动剧烈,因而种植风险很高,但如果善于把握机会,并成功规避相关风险,其经济回报可谓十分惊人,反之则可能带来巨额经济损失。

案例1:某中药材合作社通过地方政府招商引资项目,于2011年到宿州市流转500多公顷耕地从事白术、丹参等中药材生产,因管理不善导致亏损,第一年难以及时兑付农地流转租金。项目区内转出农地的农民纷纷上访,地方政府动用财政资金帮助企业周转资金,才渡过了难关。

案例2:安徽省农业产业化龙头企业某集团于2012年8月在安徽省定远县池河镇流转土地7 350亩,但因赤霉病致使所产小麦品质较差,2015年夏季小麦价格仅为每千克1.9元,与往年每千克2.36元的价格低了0.46元,每亩毛收入仅为660元,平均每亩亏损140元。

农业既要面临自然风险,又要面临市场风险。当相关风险事件发生时,转出方有可能因转入方经营失败或亏损,而无法及时、足额地拿到流转租金(常伟、梅莹、李晨婕,2014)。与转入方相比,地方政府经济实力、资源动员能力以及抗风险能力均十分强大。对转出方而言,政府介入并主导农地流转,相当于建立了一种政府对农民租金收益予以兜底的担保机制,有利于农民获得稳定的租金收益(常伟、梅莹、李晨婕,2014)。对于转入方而言,通常还可获得一笔数目不菲、来自政府的奖励性或补助性收入。政府之所以这样做,主要是为了促进农业现代化,但现实中这种补助也有可能促使转入方更易采取高风险经营行为,一旦经营不善便会遭遇较大损失(常伟、梅莹、李晨婕,2014)。

(七) 地区适应性有限

笔者对安徽省合肥市长丰县、肥西县,以及宿州市萧县、埇桥区1 010位农民农地大规模流转相关田野调查资料进行分析,发现农民对于农地大规模流转的期限认知具有鲜明的地域性,从而导致农地大规模流转方式的地区适应性有限(常伟,2015)。与合肥市周边的肥西县和长丰县农民相比,来自宿州市埇桥和萧县的农民认为农地大规模流转期限过长的概率明显偏高(常伟,2015)。这可能是因为合肥市周边地区经济发展较快,农民易获得更多非农收入,流转收入重要性相对较低(常伟,2015)。而对宿州市埇桥区和萧县而言,因经济发展滞后,农地流转收入相对更重要(常伟,2015)。地域特征与农民农地流转期限认知的显著关系表明,现实中不存在那种放之四海而皆准的农地大规模流转模式,具备条件的地方应结合当地的现实情况有序推进,不宜通过行政命令强行推广(常伟,2015)。

五、本章小结

经过改革开放40年的快速发展,中国工业化与就业结构均出现了重大阶段性变化,城镇化进程快速推进,城乡收入差距状况逐步缩小,人口老龄化程度进一步加剧。在这一时期,中国农业现代化迅猛推进,灌溉条件不断改善、农业机械化水平迅速提升,化肥等现代农资施用量进一步增加,中国农地流转相关政策不断完善,农地流转有序推进但仍呈现出地区差异性明显等特征。针对项目区内转出方的调查表明,政府主导型农地大规模流转项目可以但并不必然带来农业现代化水平的提高和农民收入的增加,在这种模式下大多数群众从中获益,但也有少部分群众利益受损。针对项目区外干部群众对于政府主导型农地大规模流转认知状况的调查表明,政府主导型农地大规模流转项目积极作用是有目共睹的,但不足和缺陷也十分突出。尽管大部分干部群众对于政府主导型农地大规模流转持支持态度,但仍有不少干部群众对此持谨慎态度。这在一定程度上表明,就更广泛的范围而言,推动政府主导型农地大规模流转的时机尚不成熟,不宜为追求所谓的轰动效应而盲目躁进。针对政府主导型农地大规模流转特征的考察表明,与市场主导型农地流转模式相比,这种土地流转模式具有转入主体多元化、政府介入程度高、流转期限相对较长、农地流转租金和经营成本偏高、经营风险大、农地流转后大量存在"非粮化"经营现象、对转入方能力要求高且地区适应性有限等特点。

第四章 政府主导型农地大规模流转中的期限与租金问题

上一章介绍了政府主导型农地大规模流转项目出现的相关背景,运用描述性统计分析方法考察了项目区内以及项目区外的干部群众对于政府主导型农地大规模流转项目的相关认识问题,并总结归纳了政府主导型农地大规模流转的相关特征。本章拟运用计量模型对政府主导型农地大规模流转项目所涉及的两个问题,即流转期限和租金问题进行进一步考察。

一、农地大规模流转中的流转期限研究

(一)农地大规模流转中的流转期限选择

1. 文献回顾与研究假说的提出

农地流转期限是农地流转合同的重要内容,流转期限过短会导致流转合同不稳定,流转双方需支付更多的谈判成本和执行成本,这对转入方长期投入不利(徐珍源、孔祥智,2010);反之,流转期限过长,农民则担心可能失去农地承包经营权(常伟,2015)。针对流转期限的有关研究主要集中在流转期限划分、影响因素及农地流转期限的描述性研究(常伟,2015)。一些学者注意到了农地流转期限普遍较短所带来的农地流转关系不稳定的问题(张照新,2002;黄丽萍,2009;黄延信、张海

阳、李伟毅,2011)。但也有学者注意到农地流转期限过短可能是人地关系、农民收入状况、预期不足以及对困难估计不足所致(常伟,2015)。但总体来说,对于农地流转期限及其影响因素的相关研究较少。因而本书拟对农地流转期限开展研究。

(1) 个人特征与流转期限

个人特征主要包括性别、年龄、文化程度等。从经济学和社会学研究方面来说,很多学者的研究证明了性别、年龄、文化程度对人们的行为、收入等具有显著影响(马晓河、崔红志,2002;Rosenzweig,1980)。就农地大规模流转而言,如果转出方与乡村干部、乡镇政府、转入企业等所开展的谈判分别单独进行且互不影响,则有理由相信转出方的个人特征不会对农地流转决策产生影响。但就农地大规模流转而言,谈判往往会有多个回合。在谈判中,作为转出方的众多农户也会经常就谈判交换意见,并使得谈判结果具有某种程度的一致性。基于上述分析,提出下列假说:

假说1　性别、年龄、文化程度等个人特征对转出期限影响不大。

(2) 家庭特征与流转期限

贝克尔认为家庭是一种生产活动单位。一方面,对农民而言,人均耕地数量、子女数量及务工状况等也会在一定程度上影响到他们对相关问题的看法。另一方面,在农地大规模流转过程中,农民有可能获得相应承包收益,但也面临着一定的风险。不同家庭对风险和收益拥有不同评判标准,并体现在期限选择上。因此,我们就家庭特征与流转期限提出如下假说:

假说2　人均耕地、子女状况、人均收入及收入来源等家庭特征对转出期限影响显著。

(3) 社会关联与流转期限

Granovetter(1973,1985)将个人关系网络分为强关系网络和弱关系网络,前者个人社会网络同质性强,人们关系紧密且具有较强情感因素;后者个人社会网络异质性强,人们关系不紧密且没有太多感情维系,他还认为关系强弱决定了个人实现行动目标的可能性。边燕杰(1997)认为中国办成事靠的不是弱关系带来的广泛信息,而是强关系的有力帮助。一项针对拉丁裔移民融入当地经济中人力资本作用的研究表明,强关系和弱关系均对收入有积极影响(Pfeffer et al.,2010)。结合社会关联理论,我们提出社会关联与农地流转期限的如下假说:

假说3　社会关联关系对于农地转出期限作用明显。

(4) 期望与流转期限

期望理论指出,人们在对不确定性事件进行评估时会设定参考点并以自己的视角或参考水平确定收益或损失,进而决定结果。近年来,期望理论在研究股票价值等方面得到了广泛运用。就农地流转而言,农民会根据农地流转数量、流转收益等以及对流转政策的了解、流转成效认识,确定预期成本并设定收入增加等有关目标,进而确定流转期限。结合期望理论,我们提出如下假说:

假说4 农民对农地大规模流转的期望与流转期限存在显著关联关系。

(5) 地域特征与流转期限

合肥市肥西县、长丰县位于安徽省南部,而宿州市埇桥区和萧县位于安徽省北部,这些地区在经济发展水平、农业资源禀赋和农业生产方式均存在较大差别。而这种地域性差别也会对于农地流转期限产生影响,因此我们提出如下假说:

假说5 地域因素对流转期限有着显著影响。

2. 变量定义

为进一步分析相关变量对于流转期限的影响,本书对相关变量定义如下:

表 4.1 变量定义

变量名称	变量类别	变量类型	变量定义	均值
年龄	个人特征	定序变量	18～30＝1,31～45＝2,46～59＝3,60及以上＝4	3.127 7
性别	个人特征	虚拟变量	男性＝1,女性＝0	0.539
教育年限	个人特征	连续变量		7.598 0
人均耕地	家庭特征	定序变量	1亩以下＝1,1～2亩＝2,2亩以上＝3	1.870 3
子女个数	家庭特征	连续变量		2.593 1
子女是否外出打工	家庭特征	虚拟变量	是＝1,不是＝0	0.715 8
家庭人均收入	家庭特征	连续变量		5 715.71
相对经济状况	家庭特征	定序变量	较差＝1,一般＝2,较好＝3	1.833 7
收入来源(含农业性收入)	家庭特征	虚拟变量	是＝1,不是＝0	0.357 4
收入来源(含工资性收入)	家庭特征	虚拟变量	是＝1,不是＝0	0.674 3
收入来源(含承包费收入)	家庭特征	虚拟变量	是＝1,不是＝0	0.042 6
收入来源(含政府补助收入)	家庭特征	虚拟变量	是＝1,不是＝0	0.037 6
收入来源(含非农经营性收入)	家庭特征	连续变量	是＝1,不是＝0	0.077 2

（续表）

变量名称	变量类别	变量类型	变量定义	均值
流转数量	流转状况	定序变量	部分流转=1,大部分流转=2,全部流转=3	2.41
每亩转出价格	流转状况	连续变量		696
转出价格感知	流转状况	定序变量	有点低=1,差不多=2,很满意=3	1.7126
了解程度	流转状况	定序变量	不了解=1,有所了解=2,非常了解=3	1.41
便于水利灌溉	流转状况	虚拟变量	是=1,不是=0	0.2465
便于机收机种	流转状况	虚拟变量	是=1,不是=0	0.2515
便于防治病虫害	流转状况	虚拟变量	是=1,不是=0	0.1950
有利于农民增收	流转状况	虚拟变量	是=1,不是=0	0.5891
风险太大	流转状况	虚拟变量	是=1,不是=0	0.0653
不适合本地情况	流转状况	虚拟变量	是=1,不是=0	0.0327
群众不支持	流转状况	虚拟变量	是=1,不是=0	0.0604
增收效果不明显	流转状况	虚拟变量	是=1,不是=0	0.1168
与亲友谈	社会关联	虚拟变量	是=1,不是=0	0.0158
与村干部谈	社会关联	虚拟变量	是=1,不是=0	0.8317
与乡镇干部谈	社会关联	虚拟变量	是=1,不是=0	0.0792
与转入方谈	社会关联	虚拟变量	是=1,不是=0	0.1614
合肥市肥西县	地区变量	虚拟变量	肥西=1,其他=0	0.2030
合肥市长丰县	地区变量	虚拟变量	长丰=1,其他=0	0.2455
宿州市萧县	地区变量	虚拟变量	萧县=1,其他=0	0.2307

3. 模型选择

如果将农地流转期限作为因变量,那么我们可以分别运用 OLS 线性回归模型和 Tobit 模型对农民土地流转期限进行研究。最小二乘法(OLS)是多种估计方法的基础。但 OLS 线性回归模型需满足解释变量之间互不相关、随机误差项具有均值和同方差等假定。为弥补 OLS 线性回归模型不足,人们还经常运用 Tobit 模型估计相关参数。Tobit 模型被称为受限因变量模型,是因变量满足某种约束条件下的取值模型,其解释变量是可观测的,被解释变量只能以受限方式被观察到。由于破坏了线性假设,OLS 对此不再适合。因此 J. Tobin(1958)在研究耐用消费品时提出了一个结合了 Probit 模型与多元线性回归的计量经济学模型,以分析家庭耐用消费品支出水平及影响因素。此后 Tobit 模型在经济学、社会学和管理学等有关领域得到了广泛应用。其形式如下,设某耐用消费品消费支出为 y_i,解释变量为 X_i,则该消费品支出 y_i 要么大于 y_0,要么为 0。基于线性模型假设,y_i 与 X_i 之间的关系为

$$y_i^* = \beta^T X_i + e_i, e_i \sim N(0,\sigma^2)$$
$$y_i = \begin{cases} \beta^T X_i + e_i, & y_i^* > 0 \\ 0, & y_i^* \leqslant 0 \end{cases} \quad (4.1)$$

其中,X_i 为 $k+1$ 维解释变量向量,β 为 $k+1$ 维未知参数向量。假设 y_0 已知,方程两边同时减去 y_0,由此得到的标准形式为 Tobit 模型,可以表示为

$$y_i = \max(\beta^T X_i + e_i, 0) \quad (4.2)$$

事实上,它不仅可用于研究耐用消费品消费行为,也可用于研究医疗费用支出、时间利用效率、企业工作效率、交通事故发生率等方面。

4. 模型计算结果及其解释

使用 Eviews 7.0 软件,对农地流转期限模型进行估计,并分别运用 OLS 和 Tobit 方法,考察农地转出单位租金及其影响因素,估计结果如下:

表 4.2 模型估计结果

指标名称	OLS 模型			Tobit 模型		
	系数	T 值	P 值	系数	Z 值	P 值
常数项	−6.576 1***	−3.615 2	0.000 3	−14.143***	−6.050 3	0.000 0
年龄	0.096 5	0.480 0	0.631 4	0.092 0	0.412 5	0.680 0
性别	0.120 5	0.437 7	0.661 7	0.231 0	0.753 2	0.451 3
受教育年限	0.021 7	0.324 7	0.745 5	0.077 7	1.015 9	0.309 7
人均耕地数量	0.028 4	0.153 3	0.878 2	0.232 9	1.153 9	0.248 5
子女个数	−0.113 6	−0.998 1	0.318 5	−0.049 9	−0.390 6	0.696 1
子女外出打工	−0.102 5	−0.292 9	0.769 7	−0.126 1	−0.331 7	0.740 1
家庭人均收入	2.59E−05	1.151 4	0.249 8	1.93E−05	0.723 4	0.469 4
相对收入状况	0.364 9	1.598 6	0.110 2	−0.025 3	−0.099 8	0.920 5

(续表)

指标名称	OLS 模型			Tobit 模型		
	系数	T 值	P 值	系数	Z 值	P 值
收入来源（含农业性收入）	−0.327 9	−0.909 4	0.363 4	−1.020 8**	−2.521 7	0.011 7
收入来源（含工资性收入）	0.244 8	0.634 4	0.526 0	−0.325 2	−0.755 9	0.449 7
收入来源（含承包费收入）	−0.479 8	−0.673 5	0.500 8	−0.627 7	−0.830 8	0.406 1
收入来源（含政府补助收入）	1.792 9**	2.473 2	0.013 6	1.691 5**	2.173 7	0.029 7
收入来源（含经营性收入）	1.183 0**	2.151 2	0.031 7	0.645 7	1.062 6	0.288 0
流转数量	−0.202 9	−0.933 0	0.351 0	−0.101 3	−0.404 5	0.685 8
每亩转出价格	0.007 6***	5.306 9	0.000 0	0.012 8***	6.758 4	0.000 0
转出价格感知	0.042 5	0.262 0	0.793 4	0.043 8	0.241 0	0.809 5
了解程度	0.528 7**	2.249 9	0.024 7	0.712 3***	2.665 2	0.007 7
便于水利灌溉	−0.136 9	−0.313 8	0.753 8	−0.267 5	−0.513 5	0.607 6
便于机收机种	−0.860 8*	−1.784 4	0.074 7	−1.023 2*	−1.904 5	0.056 9
便于防治病虫害	0.717 5	1.308 4	0.191 0	0.834 6	1.345 5	0.178 5
有利于农民增收	−0.624 4**	−2.243 5	0.025 1	−0.588 8*	−1.894 3	0.058 2
风险太大	−0.403 0	−0.703 6	0.481 8	−2.358 4***	−2.814 9	0.004 9
不适合本地情况	2.137 7***	2.911 9	0.003 7	2.110 5***	2.740 8	0.006 1
群众不支持	0.917 9	1.640 4	0.101 2	0.345 0	0.578 0	0.563 3
增收效果不明显	0.336 2	0.787 2	0.431 4	−0.074 7	−0.160 1	0.872 8
与亲友谈	−1.843 9*	−1.779 9	0.075 4	−1.521 0	−1.355 8	0.175 2
与村干部谈	2.945 2***	6.431 8	0.000 0	3.227 9	6.462 8	0.000 0
与乡镇干部谈	0.790 1	1.641 2	0.101 1	1.020 7*	1.951 2	0.051 0
与转入方谈	−1.547 5***	−3.636 9	0.000 3	−1.760 1***	−3.770 5	0.000 2
合肥市肥西县	11.230 0***	15.779	0.000 0	15.823***	16.505	0.000 0
合肥市长丰县	7.579 6***	10.957	0.000 0	11.612***	12.392 5	0.000 0
宿州市萧县	13.531 6***	21.375	0.000 0	17.926***	21.190 5	0.000 0

注：*、**、*** 分别表示在 10%、5% 和 1% 的显著性水平下。

就基于 OLS 的农地流转期限选择模型而言，R^2 和调整后的 R^2 分别为 0.522 7 和 0.507 1，对数似然函数值为 −2 793.689，F 统计量为 33.404 9，方程拟合效果很好。基于Tobit的农地流转期限选择模型的对数似然函数值为−2 534.729。总体来说,这两个模型的估计结果较精确。但这两个方程较复杂,我们采取向后逐步选择法对模型进行化简,并剔除在两个方程中均不显著的变量,直至至少在一个方程中能通过10%水平下的显著性检验为止,结果如下:

表4.3　化简后的模型估计结果

指标名称	OLS模型			Tobit模型		
	系数	T值	P值	系数	Z值	P值
常数项	−6.010 9***	−4.231 9	0.000 0	−14.071***	−7.391 7	0.000 0
收入来源（含农业性收入）	−0.450 1	−1.605 7	0.108 7	−0.793 7**	−2.464 0	0.013 7
收入来源（含政府补助）	1.217 8*	1.853 1	0.064 2	1.619 9**	2.301 5	0.021 4
收入来源（含经营性收入）	1.339 6***	2.827 4	0.004 8	1.084 3**	2.061 7	0.039 2
每亩转出价格	0.007 7***	5.576 5	0.000 0	0.013 2***	7.038 8	0.000 0
了解程度	0.619 0***	2.915 5	0.003 6	0.812 7***	3.306 1	0.000 9
有利于农民增收	−0.613 1**	−2.205 2	0.027 7	−0.584 9*	−1.882 5	0.059 8
风险太大	−0.465 3	−0.818 1	0.413 5	−2.386 0***	−2.856 7	0.004 3
不适合本地情况	2.166 9***	2.954 6	0.003 2	2.120 2***	2.754 0	0.005 9
群众不支持	0.939 1*	1.679 6	0.093 4	0.354 8	0.594 6	0.552 1
与亲友谈	−1.787 4*	−1.741 2	0.082 0	−1.532 2	−1.366 2	0.171 9
与村干部谈	2.937***	6.466 7	0.000 0	3.288 2***	6.581 7	0.000 0
与乡镇干部谈	0.812 8*	1.707 6	0.088 0	1.022 6*	1.957 5	0.050 3
与转入方谈	−1.533 5***	−3.658 5	0.000 3	−1.765 3***	−3.790 6	0.000 2
合肥市肥西县	11.111***	16.646 0	0.000 0	15.795***	17.011	0.000 0
合肥市长丰县	7.494 1***	11.350 6	0.000 0	11.655***	12.635	0.000 0
宿州市萧县	13.597 9***	23.003 9	0.000 0	18.058***	22.307	0.000 0

注：*、**、***分别表示在10%、5%和1%的显著性水平下。

经化简,基于OLS的农地流转期限选择模型的R^2和调整后的R^2分别为0.515 9和0.508 1,对数似然函数值为−2 803.584,F统计量为66.150 12,基于Tobit的农地流转期限选择模型的对数似然函数值为−2 542.657。经化简,这两个模型均得到进一步改进。考虑到变量之间可能存在着关联关系,对此用简化后的模型所涉及变量进行关联性检验,结果表明它们不存在显著的关联关系。对简化模型所涉及变量进行方差膨胀因子(Variance Inflation Factor)检验,检验结果表明 VIF 平均数远小于 10,且所有变量 VIF 值均小于 10。这表明方程不存在明显的多重共线性问题,估计结果可以接受。

5. 对于计算结果的解释

(1) 性别、年龄特征、受教育年限等个人特征与转出期限关系不明显,假说 1 在本书中得到证实。这在一定程度上是因为,在谈判过程中转出农民相互交流信息,致使年龄、性别、受教育年限等因素对农地转出期限影响不明显。这表明农地流转期限选择是一种经济行为,与个人特征关系不大。

(2) 人均耕地数量、子女数量及务工状况、家庭人均收入及相对收入等资源禀赋状况以及家庭经济状况对转出期限影响甚微,但家庭收入来源对转出期限影响较大,尤其是家庭收入来源含农业收入、政府补助性收入及经营性收入的农民对于转出期限的选择受收入来源的影响较为明显。假说 2 在本书中得到了一定程度的证实。

首先,就收入来源含农业性收入的农民而言,表 4.3 所示的计算结果显示,无论在 OLS 模型中,还是在 Tobit 模型中收入含农业性收入的农民选择的转出期限均较短,在前一模型中短 0.450 1 年,而在后一模型中短 0.793 7 年,且通过了 5% 水平下的显著性检验。这表明农地流转对于农民是有风险的,尤其是依靠农业获得收入的农民并不希望转出期限过长。对于那些收入来源含农业性收入的农民而言,当其面临农地流转时,在难以找到其他收入来源的情况下,他们倾向于选择短期流转以规避风险。

其次,对收入来源含政府补助性收入的农民而言,上述计算结果显示,在 OLS 模型和 Tobit 模型中,收入来源含政府补助性收入的农民选择的转出期限相对较长,在 OLS 模型中长 1.217 8 年,在 Tobit 模型中长 1.619 9 年。且分别通过了 10% 水平下和 5% 水平下的显著性检验。根据观察,收入来源含政府补助性收入的人们大多体弱多病、经济状况较差、无力从事农业劳动,农地流转可以让他们获得一笔可靠的收入以改善其经济状况,因而他们愿意选择较长的流转期限。

最后,对收入来源含非农经营性收入的农民而言,计算结果显示,那些收入中含经营性收入的农民选择的转出期限也相对较长,在 OLS 模型和 Tobit 模型中分别长 1.339 6 年和 1.084 3 年,且分别通过了 1% 水平下和 5% 水平下的显著性检验。对于收入来源含经营性收入的农民而言,由于通过非农经营性活动有可能获得更高收入,种田可能在一定程度上阻碍了其收入的增加,因此将农地以较长期限流转出去有助于改善其经济处境。农地转出后他们可将主要精力用于非农经营活动方面,从而进一步增加收入,因此他们希望流转期限长一些。

(3) 社会关联关系对转出期限影响明显。计算结果显示,无论是转出方与亲友间的强关系网络,还是与转入方之间的弱关系网络,乃至他们与村干部间的准强关系网络,以及与乡镇干部之间的准弱关系网络,对于流转期限均有显著影响。在研究中我们也注意到一个很有意思的现象,强关联关系和弱关联关系均与农地转出期限有着负显著关系。

就强关联关系而言,在 OLS 模型和 Tobit 模型中,与亲友谈的农民转出期限反而分别要短 1.787 4 年和 0.793 7 年;就弱关联关系而言,在 OLS 模型和 Tobit 模型中,与转入方谈的农民也转出期限分别要短 1.533 5 年和 1.765 3 年。这可能是因为,在农地大规模流转中,亲友所掌握的信息具有同质性,亲友间的相互沟通并不能帮助转出方树立对农地流转的信心。而在信息不对称的情况下,因转出方农民与农地转入方缺乏信任,选择较短的转出期限不失为规避流转风险的有效方式。

与强关联和弱关联相比,农民与村干部之间的准强关联以及农民与乡镇干部之间的准弱关联却与流转期限呈显著正相关。就准强关联而言,在 OLS 模型和 Tobit 模型中,与村干部交谈的农民比未交谈的农民选择的转出期限要长 2.937 年和 3.288 2 年;就准弱关联而言,在 OLS 模型和 Tobit 模型中,与乡镇干部交谈的农民选择的转出期限比未交谈的农民要长 0.812 8 年和 1.022 6 年。这主要是因为,在农地流转谈判中,村干部由于对农民和转入方的诉求均非常熟悉,且具有较强的组织活动能力,因而可以在促进农地流转、消除农民顾虑方面发挥积极作用(常伟,2015)。乡镇干部介入农地流转谈判,尽管干预了市场运行,但在农民心目中树立了政府为农地流转效果背书的形象,这样有助于消除农民疑虑,增强他们对农地流转的信心(常伟,2015)。

(4) 农民对农地大规模流转的期望与流转期限关系得到证实。根据上述计算结果可知,农民对于转出价格的感知以及农民对大规模流转有利于水利灌溉、机收机种、防治病虫害以及对增收效果不明显等认识和期望与流转期限关系不显著。这可归结于如下因素:一方面,由于大部分农民对流转价格较满意;另一方面,当农地转出后,水利灌溉、机收机种、防治病虫害等就成了转出方的事情,农民不再像以前那样关心这些工作。

根据表 4.3 所示,转出价格、对流转政策的了解程度存在与流转期限的长短呈显著关联关系。一方面,就转出价格而言,在 OLS 模型和 Tobit 模型中,每亩转出价格每增加1元,则流转期限分别增加0.0077年和0.0132年,这表明流转价格对农民流转期限的选择确实有一定激励作用。就政策了解程度而言,在OLS模型和Tobit模型中,政策了解程度每提高一个层次,则流转期限相应增长0.619和0.8127年。这表明农民越了解政策,对农地流转越有信心,就越愿意选择较长期限。

农民对于大规模流转既有正面的评价,也有负面的评价,如大规模流转是否有利于增加收入、是否风险太大、是否适合本地情况、群众支持与否等与转出期限同样存在显著关系。就是否有利于农民增收而言,在OLS模型和Tobit模型中,对此持肯定态度的农民流转期限反而比持否定态度的农民短0.6131年和0.5489年,且分别通过了5%和10%水平下的显著性检验。这表明认同大规模流转有利于增收的农民希望通过选择较短转出期限,以便通过谈判增加流转收益。就风险而言,在OLS模型中,对此持肯定态度的农民选择的转出期限比持否定态度的农民短0.4653年,但此结果的显著性不高,在Tobit模型中,对此持肯定态度的农民流转期限比持否定态度的农民短2.386年,且在Tobit模型中通过了1%水平下的显著性检验,这表明政府主导型农地大规模流转风险不容忽视,当农民意识到大规模流转风险较大时,则希望选择较短期限以规避风险。而"不适合本地情况"和"群众不支持"在两个模型中期限均为负。就"不适合本地情况"而言,在OLS模型中和Tobit模型中系数分别为2.1669和2.1202,且均在1%水平下显著。而"群众不支持"在两个模型中系数则分别为0.9391和0.3458,在OLS模型下通过了10%水平下的显著性检验,而在Tobit模型中不显著。这可能因为农地大规模流转中的转入方大多来自外地或没有农业从业经验,需要一定时间来适应当地有关情况或掌握相关技能。宿州市萧县某种田大户说:"没有农业经营经历的投资者搞农业,至少要亏损三年。"就群众是否支持而言,在OLS模型中那些认为群众不支持的农民转出期限平均为0.9391年,在Tobit模型中,那些认为群众不支持的农民转出略长但不显著,这表明部分转出农民尽管认为这种项目"不适合本地情况""群众不支持",但他们一方面希望给转入方一定的时间以证明自己,另一方面则是希望通过选择较长转出期限以获取相对稳定的收益。

(5) 农民对转出期限的选择具有显著的地域差异。根据上述结果,与宿州市埇桥区相比,作为地区虚变量的合肥市肥西县、长丰县,以及宿州市萧县,无论在OLS模型和Tobit模型中,均呈显著正相关,这表明转出期限地域差异明显,假说5得到证实。这种地域差异可能与经济发展水平有关,也可能与农业生产方式有关。肥西县、长丰县地处合肥市,经济发展较快,非农就业机会较多,农业重要性相对较低,农民愿意选择较长流转期限。宿州市萧县虽然经济落后,但当地水果产业发达,而水果生产需要较长的周期,转出农民也愿意选择较长流转期限。但对于宿州市埇桥区而言,由于地处粮食主产区,加之经济发展相对滞后,因此农地流转期限相对要短得多。

6. 研究结果的现实含义

结合田野调研资料,对农地大规模流转中的流转期限的研究结果表明流转期限与家庭收入来源、社会关联、流转期望以及地域特征有显著关联关系。因此在农地大规模流转中,必须正视上述因素的积极或消极作用。首先,增加农民的非农收入和经营性收入有助于农地流转工作的推进。农村那些失去劳动能力,依靠政府补助的弱势群体,希望通过较长的流转期限稳定其收入来源,他们可以成为农地流转推进的重要切入点。其次,农地流转期限与谈判方式也密切相关。在农地流转中应设法发挥乡村干部和乡镇政府的作用。再次,对农地大规模流转期望应持理性态度。尽管其有助于农民增收,但也部分存在风险大、不适合当地、群众不支持等问题。农地流转不是解决农村一切问题的万能药,如操作不当,反而会引发一些新问题。在各地情况差别较大,现实不存在适用大范围的最佳流转期限一说,只要流转双方都认同,就是合理期限。

（二）农地大规模流转中的流转期限认知

1. 问题提出与相关文献回顾

农地流转已成为实现农业现代化的时代命题(人行巢湖市中心支行课题组、秦传胜,2009),是提高农村土地资源配置效率,转变农业经营方式,加快实现农业产业化、规模化发展和农业现代化实现的内在要求(陈怀远,2010)。针对农地流转问题,学界已有了大量研究成果。与此同时,笔者注意到农地流转期限问题至今没有得到系统研究。流转期限较短意味着流转双方需支付较多的谈判履约成本;期限过长,农民则担心可能失去农地承包经营权。在农地大规模流转中,既存在期限长达30年的流转合同,也存在为期1年的短期合同。农民对合约期限认知如何?哪些因素影响了农民对流转期限的认知?结合前人相关研究成果,本书运用实地调研数据并结合研究对象的相关特征,拟对上述问题展开研究。

2. 变量定义

为进一步分析相关因素对农民流转期限认知行为的影响,本书将期限认知为

"正好"、年龄为 18～30 岁、性别为女性、文化程度为小学及以下、人均耕地 1 亩以下、子女没有打工、相对经济状况一般、不了解农地流转政策、承包土地部分流转、对于农地大规模流转持"无所谓"态度、认为承包费高低差不多、地域范围来自长丰县和肥西县这些因素设置为参照组，在此基础上对相关变量定义如下：

表 4.4 变量定义说明

类别与名称	变量定义	类别与名称	变量定义
因变量		谈判对象(1)	乡村干部=1,其他=0
有点长	是=1,不是=0	谈判对象(2)	乡镇干部=1,其他=0
有点短	是=1,不是=0	谈判对象(3)	转入企业=1,其他=0
自变量		签约对象(1)	村两委=1,其他=0
年龄(1)	31～45 岁=1,其他=0	签约对象(2)	乡镇政府=1,其他=0
年龄(2)	45～59 岁=1,其他=0	签约对象(3)	转入企业=1,其他=0
年龄(3)	60 岁以上=1,其他=0	政策了解程度(1)	非常了解=1,其他=0
性别	男性=1,女性=0	政策了解程度(2)	有所了解=1,其他=0
文化程度(1)	初中=1,其他=0	流转数量(1)	全部流转=1,其他=0
文化程度(2)	高中或中专=1,其他=0	流转数量(2)	大部分流转=1,其他=0
文化程度(3)	大专及以上=1,其他=0	大规模流转好处(1)	便于水利灌溉=1,其他=0
人均耕地(1)	1～2 亩为 1,其他=0	大规模流转好处(2)	有利于增加农民收入=1,其他=0
人均耕地(2)	2 亩以上为 1,其他=0	大规模流转不足(1)	群众不支持=1,其他=0
子女是否打工	打工=1,没有打工=0	大规模流转不足(2)	增收效果不明显=1,其他=0
相对收入状况(1)	比较好=1,其他=0	流转租金认知(1)	很满意=1,其他=0
相对收入状况(2)	比较差=1,其他=0	流转租金认知(2)	有些低=1,其他=0
收入来源(1)	农业收入=1,不是=0	大规模流转态度(1)	支持=1,其他=0
收入来源(2)	工资性收入=1,不是=0	大规模流转态度(2)	反对=1,其他=0
收入来源(3)	政府性补助=1,不是=0	地域	萧县、埇桥区=1,其他=0

3. 模型选择

在研究中可以将农民对农地流转合约期限认知状况作为因变量，并运用离散选择模型开展相关研究。研究人员一般多采用 Logistic 模型和 Probit 模型对离散选择模型进行估计，由于 Logistic 模型可采用 Logit 变换，且更易估计，因此应用更加广泛。本书选取 Logistic 模型研究农民对农地流转合约期限认知行为，其形式一般是

$$\text{Logit } P = \alpha_0 + \alpha_1 X_1 + \alpha_2 X_2 + \cdots + \alpha_n X_n \tag{4.3}$$

P 为因变量发生概率，$X_1, X_2, \cdots, X_n$ 为自变量，α_0 为常数项，$\alpha_1, \alpha_2, \cdots, \alpha_n$ 为各自变量系数，它表示其所对应自变量每改变一个单位所导致的比值比的自然对数改变。本书自变量涉及个人特征、家庭特征、社会关联、流转状况及地域特征多方面。但由于因变量分别为"有点长"和"有点短"，故采用多分类 Logistic 模型，其原理如下：以三类结果为例，设三类结果分别为 A、B、C，可任意指定一类作为参照组或者基准组。取 $Y=1$ 表示为 A 类，$Y=2$ 表示为 B 类，$Y=0$ 表示为 C 类，设 C 类为参照组，则三类结果的 Logistic 回归模型可以表示为

$$\begin{cases} \text{Logit} P_{1/0} = \text{Ln}\left[\dfrac{P(y=1\mid x)}{P(y=0\mid x)}\right] = \alpha_1 + \beta_{11} x_1 + \beta_{12} x_2 + \cdots + \beta_{1p} x_p = g_1(x) \\ \text{Logit} P_{2/0} = \text{Ln}\left[\dfrac{P(y=2\mid x)}{P(y=0\mid x)}\right] = \alpha_2 + \beta_{21} x_1 + \beta_{22} x_2 + \cdots + \beta_{2p} x_p = g_2(x) \end{cases} \tag{4.4}$$

上述方程组中有 $2\times(p+1)$ 个参数，其中 p 为自变量个数。第一个 Logit 函数表示 A 类与 C 类比的 Logit，β_{1i} 表示 A 类与 C 类比，x_i 改变一单位时比数比发生的对数值。第二个 Logit 函数表示 B 类与 C 类比的 Logit，β_{2i} 表示 B 类与 C 类比，x_i 改变一单位时比数比发生的对数值。由于存在着 $P(y=0\mid x) + P(y=1\mid x) + P(y=2\mid x) = 1$ 的数量关系，因此只要给出两个 Logit 函数，另一个可以通过减法得到。

4. 模型计算结果

本书分别将期限认知"有点长"和"有点短"设为 Logit(1/0) 和 Logit(2/0)，并采用 Eviews 7.0 软件对方程进行估计，初步估计结果表明两个 Logit 方程 P 值均小于 0.001，估计结果较精确。但由于模型较复杂，这里采取向后逐步选择法对模型进行处理，并剔除在两个方程中均不显著的变量，直至变量至少在一个方程能通

过10%水平下显著性检验为止,化简结果如下。

表4.5 模型估计化简结果

指标名称	Logit(1/0)			Logit(2/0)		
	系数	Z值	P值	系数	Z值	P值
常数项	−1.983 5***	−3.440 4	0.000 6	−1.730 4*	−1.813 5	0.069 8
性别	0.304 3*	1.751 2	0.079 9	0.212 7	0.738 5	0.460 2
年龄(2)	−0.322 2*	−1.737 7	0.082 3	−0.379 1	−1.260 5	0.207 5
耕地(1)	0.034 4	0.162 6	0.870 8	−0.731 9*	−1.952 9	0.050 8
耕地(2)	−0.607 0**	−2.389 5	0.016 9	−1.334 8***	−3.104 2	0.001 9
子女是否打工	0.122 4	0.642 8	0.520 3	0.667 5*	1.896 6	0.057 9
人均收入	−2.96E−05	−1.436 5	0.150 9	6.65E−05***	4.148 5	0.000 0
相对收入(2)	0.568 6***	3.042 4	0.002 3	−0.251 0	−0.698 0	0.485 2
收入来源(3)	−1.291 0***	−2.695 1	0.007 0	−0.099 9	−0.118 5	0.905 6
谈判对象(1)	0.236 4	0.886 1	0.375 6	1.272 4**	2.429 3	0.015 1
谈判对象(2)	0.760 7**	2.258 4	0.023 9	0.147 2	0.307 9	0.758 2
签约对象(2)	−1.949 6**	−2.313 3	0.020 7	0.889 0	1.364 7	0.172 3
签约对象(3)	−0.358 7	−1.615 2	0.106 3	0.773 1**	2.160 3	0.030 8
流转期限	0.203 2***	10.490 6	0.000 0	−0.236 0***	−5.755 2	0.000 0
了解程度(1)	−1.105 8**	−2.197 6	0.028 0	1.667 4***	3.835 5	0.000 1
了解程度(2)	−0.376 5*	−1.917 9	0.055 1	0.277 3	0.829 1	0.407 1
流转数量(1)	−0.603 6**	−2.086 1	0.037 0	0.443 9	0.975 7	0.329 2
流转数量(2)	0.451 5*	1.717 8	0.085 8	−0.476 6	−0.948 9	0.342 7
大规模流转好处(1)	0.382 9*	1.754 1	0.079 4	−0.455 7	−1.358 0	0.174 5
大规模流转好处(2)	−0.310 7*	−1.680 6	0.092 8	0.474 3	1.451 2	0.146 7
流转租金	−0.001 2*	−1.809 6	0.070 4	−0.003 6***	−3.310 9	0.000 9
流转租金认知(1)	−1.205 6***	−4.159 1	0.000 0	0.947 5***	2.975 0	0.002 9
大规模流转态度(2)	0.855 7***	3.399 5	0.000 7	0.594 0	1.174 8	0.240 1
地域	0.642 0**	2.045 8	0.040 8	1.495 7***	2.719 2	0.006 5
统计指标	对数似然函数值=−457.077 3			对数似然函数值=−212.580 0		
	似然比统计量=353.324 9			似然比统计量=143.796 4		
	似然比统计量概率=0.000 000			似然比统计量概率=0.000 000		

注:*、**、***分别表示在10%、5%和1%的显著性水平下。

上述指标表明模型估计结果较准确,但考虑到相关因素可能与家庭人均收入存在关联,对此本书用性别、年龄、耕地禀赋、子女外出打工等对人均收入进行回归,检验结果表明家庭耕地禀赋与人均收入不存在显著关联,而性别、年龄、子女外出打工尽管与人均收入存在相关关系,但其系数较小,仅能解释人均家庭收入水平产生原因的很小部分。对于简化模型各变量进行方差膨胀因子(Variance Inflation Factor)检验,结果表明VIF平均值和所有变量VIF值均小于10,这表明方程不存在明显的多重共线性问题,结果是反映了客观情况的。

5. 对计算结果的解释说明

其一,性别、年龄特征与流转期限认知存在显著关联。男性比女性认为期限较长的比例高35.57%,且呈正显著,这表明男女在期限认知方面存在显著差异,这种差异可能与社会分工有关。年龄处于45～59岁的农民认为期限较长的比例较参照组低27.54%,且呈负显著。这可能是因为这一年龄段的农民大多经历过农村改革,对于农地权利更看重。

其二,人均耕地、子女外出打工、人均收入与相对收入状况、收入来源等与流转期限认知有着显著关联关系。首先,就人均耕地而言,家庭人均耕地1～2亩的农民认为流转期限较短的比例较参照组低51.9%,而家庭人均耕地2亩以上的农民认为期限较长的比例较参照组低45.5%,认为流转期限较短的比例较参照组低73.68%,这表明人均耕地越多,对农地流转期限满意度越高。其次,子女外出打工的农民认为流转期限较短比例比其他组高94.94%,且呈正显著,这表明子女外出打工使得农业收入对于该家庭的重要性有所下降,进而影响到流转期限认知。再次,家庭人均收入数量在Logit(1/0)模型中呈正显著相关,而在Logit(2/0)模型中呈负显著相关,这表明收入较低的农民担心流转期限太长会导致收入下降;而收入高的农民却希望流转时间更长以获得更多流转收入。相对收入较差的农民认为流转期限较长的比例较参照组偏高76.58%,这表明农民收入越低则越希望流转期限短以增加谈判机会。最后,收入来源含政府性补助收入的农民认为流转期限较长的比例相对偏低72.5%,并呈显著负相关。这可能是因为这部分农民大多体弱多病,获取收入能力较差,长期流转有利于其获得稳定的租金收入。

其三,乡村干部的适当介入有助于消除农民的疑虑。与村干部谈判的农民比其他组认为流转期限短的比例高256.94%,与乡镇干部谈的农民比其他组认为流转期限较长的比例高113.98%,且均呈正向显著相关。乡村干部因对转入方诉求和农民诉求均非常熟悉,因而可以在促进农地流转方面发挥积极作用。而乡镇政府大多过去与农民关系紧张,其介入农地流转谈判反而使得农民心存疑虑。就签约对象而言,与乡镇政府签合同的农民认为流转期限较长的比例低 85.77%,与转入方签的农民认为流转期限较短的比例高 116.65%,且均显著。这表明乡镇政府作为签约方有助于消除农地流转中的不确定性,增强农民流转信心,与企业签约则意味着其要求得到了转入方的满足。这表明在农地流转中,既要注重乡村组织资源,也要重视市场机制。

其四,流转期限、政策了解程度、流转数量、流转好处、承包费及农民对流转的态度等与农地流转期限认知有着显著关系。

就流转期限而言,流转期限每增加一年,则农民认为期限偏长的比例会增加 22.53%,认为期限偏短的比例会减少 21.02%,二者均显著。这表明流转期限的长短与农民对与流转期限认知行为关系密切。

就对农地流转政策的了解程度而言,非常了解政策的农民,认为期限较长的比例相对于参照组低 66.91%,并认为期限较短的比例要高 429.84%。对于流转政策有所了解的农户,其认为期限较长的相对于参照组比例低 31.37%,认为期限较短的比例高 31.96%。也就是说人们越了解政策,越认为农地流转契约关系应更加稳定。

就流转数量而言,农地全部流转的农民认为期限较长的比例较参照组低 45.32%,而大部分流转的农民认为期限较长的比例较参照组高 57.07%。这表明农地流转数量与农民对流转期限的认知行为关系较复杂,不能简单地断言转出土地多少与期限认知行为间的关系。

就大规模流转的好处而言,认为有利于水利灌溉的农民觉得流转期限过长的比例高 46.65%,而认为有利于农民增收的农民觉得流转期限过长的比例低 26.71%。这表明流转期限较长固然有利于农田水利设施建设,但不利于通过谈判讨价还价,因而抑制了增收。

就租金而言,对租金十分满意的农民认为流转期限过长的比例低 70.05%,认为流转期限过短的比例高 157.93%,且均具有显著性。这表明租金仍是农地流转中的关键问题。

还应指出的是,转出农户对农地流转的态度也会影响到其流转期限认知。那些对农地大规模流转持反对态度的农民,其认为流转期限过长的比例比其他组高 135.30%。

其五,农民期限认知行为地域性特征明显。与参照组相比,来自宿州市埇桥区和萧县的农民认为农地大规模流转期限过长的比例要高 90.03%,认为流转期限过短的比例要高346.25%。这可能与经济发展水平有关。合肥市周边地区非农就业机会多,农民可获得更多非农收入,流转收入的重要性相对较低。宿州市埇桥区和萧县因经济发展滞后,农地流转收入对于农民来说很重要,很多农民至今仍依靠农业收入维持收入,这些也会体现在对农地流转期限认知上。

6. 研究结果的现实政策含义

结合田野调研资料,对农民流转期限认知行为进行研究的相关结果表明农民对流转期限的认知与个人特征、家庭特征、社会关联、农地流转实施具体状况以及地域特征存在着显著关联。因此在农地流转中,必须正视上述因素的积极作用与消极作用。具体来说:其一,应充分考虑不同群体的诉求。在推进农地流转和规模化经营过程中,应考虑性别、年龄因素影响,尤其应针对农村人口老龄化影响展开充分研究。其二,应设法增加农民收入,确保农地流转有序进行。在农业增收有限的情况下,农民非农收入增加了,他们才更愿意流转农地。其三,应注意发挥乡村干部和乡镇政府的积极作用。其四,对于农民的农地流转期待,应持客观态度。农地大规模流转的好处不少,但如果操作不当,也可能引发一些新问题。其五,地域特征与农民农地流转期限认知的显著关系表明,现实中并不存在放之四海而皆准的农地规模流转模式,只能是在条件具备的地方结合现实有序推进,不宜通过行政命令的方式强行推广。

二、农地大规模流转中的流转租金

(一)农地大规模流转中的流转租金

1. 变量定义

在对流转租金开展的研究中,我们将"对流转政策有所了解"设置为参照组,并对相关变量定义如下:

表 4.6 变量定义

变量名称	变量类别	变量类型	变量定义	均值
年龄	个人特征	定序变量	18～30＝1,31～45＝2,46～59＝3,60及以上＝4	3.127 7
性别	个人特征	虚拟变量	男性＝1,女性＝0	0.539
教育年限	个人特征	连续变量		7.598 0
人均耕地	家庭特征	定序变量	1亩以下＝1,1～2亩＝2,2亩以上＝3	1.870 3
子女个数	家庭特征	连续变量		2.593 1
子女是否外出打工	家庭特征	虚拟变量	是＝1,不是＝0	0.715 8
家庭人均收入	家庭特征	连续变量		5 715.71
相对经济状况	家庭特征	定序变量	较差＝1,一般＝2,较好＝3	1.833 7
收入来源(含农业性收入)	家庭特征	虚拟变量	是＝1,不是＝0	0.357 4
收入来源(含工资性收入)	家庭特征	虚拟变量	是＝1,不是＝0	0.674 3
收入来源(含承包费收入)	家庭特征	虚拟变量	是＝1,不是＝0	0.042 6
收入来源(含政府补助收入)	家庭特征	虚拟变量	是＝1,不是＝0	0.037 6
收入来源(含非农经营性收入)	家庭特征	连续变量	是＝1,不是＝0	0.077 2
流转数量	流转状况	定序变量	部分流转＝1,大部分流转＝2,全部流转＝3	2.41
转出价格感知	流转状况	定序变量	有点低＝1,差不多＝2,很满意＝3	1.712 6
了解(1)	流转状况	定序变量	不了解＝1,其他＝0	0.068 3
了解(3)	流转状况	定序变量	非常了解＝1,其他＝0	0.662 4
便于水利灌溉	流转状况	虚拟变量	是＝1,不是＝0	0.246 5
便于机收机种	流转状况	虚拟变量	是＝1,不是＝0	0.251 5
便于防治病虫害	流转状况	虚拟变量	是＝1,不是＝0	0.195 0
有利于农民增收	流转状况	虚拟变量	是＝1,不是＝0	0.589 1
风险太大	流转状况	虚拟变量	是＝1,不是＝0	0.065 3
不适合本地情况	流转状况	虚拟变量	是＝1,不是＝0	0.032 7
群众不支持	流转状况	虚拟变量	是＝1,不是＝0	0.060 4
增收效果不明显	流转状况	虚拟变量	是＝1,不是＝0	0.116 8

(续表)

变量名称	变量类别	变量类型	变量定义	均值
与亲友谈	社会关联	虚拟变量	是＝1,不是＝0	0.015 8
与村干部谈	社会关联	虚拟变量	是＝1,不是＝0	0.831 7
与乡镇干部谈	社会关联	虚拟变量	是＝1,不是＝0	0.079 2
与转入方谈	社会关联	虚拟变量	是＝1,不是＝0	0.161 4
肥西县	地区变量	虚拟变量	肥西＝1,其他＝0	0.203 0
长丰县	地区变量	虚拟变量	长丰＝1,其他＝0	0.245 5
萧县	地区变量	虚拟变量	萧县＝1,其他＝0	0.230 7

2. 模型选择与计算结果

我们将农地流转租金作为因变量,并分别运用 OLS 和 Tobit 方法,对农地流转租金水平模型进行估计,估计结果如表 4.7 所示。

表 4.7 农地流转租金水平模型估计结果

变量	OLS 模型			Tobit 模型		
	系数	T 值	P 值	系数	Z 值	P 值
常数项	859.170 4	15.759 4	0.000 0	859.520 8	15.799 3	0.000 0
人均耕地	95.200 9	1.783 9	0.074 7	95.269 0	1.789 0	0.073 6
家庭人均收入	−0.001 2	−3.007 1	0.002 7	−0.001 2	−3.040 6	0.002 4
收入(含农业性收入)	11.720 3	2.099 5	0.036 0	12.180 0	2.185 2	0.028 9
收入(含非农经营性收入)	17.771 0	1.930 6	0.053 8	17.452 9	1.899 9	0.057 4
了解(1)	35.354 5	3.553 7	0.000 4	37.386 0	3.754 0	0.000 2
流转(3)	−20.167 0	−3.116 3	0.001 9	−20.407 6	−3.159 2	0.001 6
便于水利灌溉	−16.916 0	−2.161 5	0.030 9	−16.225 4	−2.075 6	0.037 9
便于病虫害防治	−16.014 2	−1.904 6	0.057 1	−17.009 3	−2.024 9	0.042 9
风险太大	19.802 1	1.896 6	0.058 2	18.921 8	1.815 29	0.069 5
不适合本地情况	−44.009 8	−3.194 2	0.001 4	−44.044 5	−3.203 5	0.001 4
增收效果不明显	−21.471 2	−2.808 3	0.005 1	−21.388 2	−2.802 6	0.005 1
与亲友谈	−41.831 9	−2.132 4	0.033 2	−41.894 8	−2.140 1	0.032 3

(续表)

变量	OLS 模型			Tobit 模型		
	系数	T 值	P 值	系数	Z 值	P 值
与村干部谈	23.570 9	2.719 8	0.006 6	23.568 3	2.725 0	0.006 4
与乡镇干部谈	−6.736 0	−0.732 2	0.464 2	−7.190 9	−0.783 2	0.433 5
与转入方谈	−19.810 4	−2.456 7	0.014 2	−19.851 1	−2.466 7	0.013 6
肥西县	−395.240 0	−50.304	0.000 0	−395.413 4	−50.427 70	0.000 0
长丰县	−396.539 2	−55.062 6	0.000 0	−396.708 3	−55.197 40	0.000 0
萧县	−312.587 3	−37.660 8	0.000 0	−313.243 5	−37.805 67	0.000 0

研究结果表明,农地流转租金水平与农民的个人特征的关联性可以忽略不计,这在一定程度上表明农地流转更多的是一种经济行为,与个人特征关系不大。但流转租金水平不仅受到人均耕地数量、收入水平、收入来源等家庭特征的影响,也与流转数量、流转期望、谈判对象、地域特征有着紧密联系。

在 OLS 模型中,人均耕地面积每高一个层次,则租金水平相应要高 95.20 元,在 Tobit 模型中相应要高 95.27 元,且均通过了 10%水平下的显著性检验。就家庭人均收入而言,在 OLS 模型和 Tobit 模型中系数均为−0.001 2,且均通过了 1%水平下的显著性检验。如果家庭收入来源含农业性收入,在 OLS 模型中其相对于家庭收入不含农业性收入的家庭单位租金水平要高 11.72 元,而在 Tobit 模型中其相对于家庭收入不含农业性收入的家庭单位租金水平要高 12.18 元,且在 5%的水平下显著。如果家庭收入来源收入含非农经营性收入,在 OLS 模型中其相对于家庭收入不含非农经营性收入的家庭单位租金水平要高 11.77 元,而在 Tobit 模型中其相对于家庭收入不含农业性收入的家庭单位租金水平要高 17.45 元,且在 5%的水平下显著。

令人感兴趣的是,谈判对象对于流转租金水平也有着一定程度的影响。从 OLS 回归的结果来看,通过亲友关系谈判的农民获得的租金水平相对平均要低 41.831 9 元,直接与转入方谈判的农民获得的租金水平相对平均水平要低 19.810 4 元,通过乡村干部进行谈判的农民获得的租金水平相对平均水平要高 23.570 9 元,通过乡镇干部谈判的农民获得的租金水平相对平均水平要低 6.736 元。根据 Tobit 回归分析结果,通过亲友谈判农民获得的租金水平相对平均水平要低 41.894 8 元,直接与转入方谈判的农民获得的租金水平相对平均水平要低 19.851 1 元,通过准强关系谈判的农民获得的租金水平相对平均水平要高 23.568 3

元,通过准弱关系谈判的农民获得的租金水平相对平均水平要低7.1909元。后面,我们还将就社会网络的农地流转租金效应开展进一步讨论。

回归分析结果同样表明农地流转租金水平存在显著的地域性差异,大致来说宿州市埇桥区农地流转租金水平最高,萧县次之,合肥市长丰县与肥西县相对较低。

(二) 社会网络的农地流转租金效应

1. 社会网络的经济社会意义

社会资本包括信任、规范与网络。就社会网络而言,Granovetter(1973,1985)将其区分为强关系网络和弱关系网络,并指出前者的个人社会网络同质性强,人们关系紧密、交往频繁且具有强烈的情感因素。而在弱关系网络中,个人社会网络异质性强,人们关系不紧密且没有较多感情维系。他还认为弱关系网络有助于个人目标实现。对于Granovetter的研究结果,一些学者提出了不同意见,如Palloni等基于移民决策的研究表明,基于亲属关系的强关系网络并不必然对移民决策产生最有效最显著的影响,反而是通过熟人关系或更弱的关系获得移民机会的人更多。Bian(1997)强调指出在东亚和东南亚办成事更多的是依靠强关系的有力帮助。Walgrave和Wouters(2014)考察了动员抗议行为的扩散过程,并指出强关系网络对抗议游行行为的形成有着极为重要的作用。Levien(2015)强调指出,穷人因弱关系网络能带来的机会相对较少,在经济社会发展中处于不利地位。

随着经济市场化的推进和计划生育政策的长期推行,农民的社会资本随之发生变化,并使得强关系数量减少和弱关系数量增加,进而导致强关系所占比例下降,弱关系比例上升(程昆、潘朝顺、黄亚雄,2012)。刘林平(2001)指出人们通过强关系和弱关系均可以获得或提供信息,翟学伟(2003)则注意到弱关系会导致独立自由的个体在不同群体之间实现垂直或横向的流动,强关系会导致大批同质性群体流动到一地或同一企业。常伟(2014)从农地流转等视角讨论了强关系的作用,并指出强关系对于化解农地流转风险、维护农村稳定具有极重要的现实意义。

上述研究均为本研究提供了较好的前期基础。但就中国农村而言,用强关系与弱关系进行划分显然过于简单了。村干部、乡镇干部与农民的关系究竟属于强关系,还是弱关系?村干部尽管与村民个人相对比较熟悉,但随着村庄合并与村庄规模的不断扩大,加之农民工的大规模外出,近年来村干部与农民也不再像以前那样熟悉,并同时具有了强关系和弱关系的某些特征。乡镇干部因承担部分农村工作,与农民也渐渐熟悉了起来,二者之间的关系也介于强关系和弱关系之间,并含有一定情感因素。本书将乡村干部与农民的关系称之为准强关系,并将乡镇干部与农民的关系之称为准弱关系。准强关系和准弱关系尽管对于农村发展十分重要,但至今仍未被系统研究。因此有必要结合政府主导型农地大规模流转有关田野调查资料,从流转租金维度来考察包括准强关系和准弱关系在内的社会网络及其农地流转租金效应。这种研究不仅有助于拓展社会网络理论,为研究农地流转问题提供一个新视角,对于现实工作同样有着重要的实践价值。

2. 研究框架

根据新古典经济学供求分析框架,供求双方的博弈形成了均衡价格。就农地流转而言,农地流转租金水平的最终形成同样是农地流转的转出方与转入方通过市场机制进行博弈的结果。在博弈过程中,转出方与转入方各自具有一些对方所不具有的优势。转入方资金实力较强,且具有较高的组织化程度。转出方在本地生活并从事农业经营多年,不仅具有一些本地地域文化等知识,还拥有可利用的社会网络。基于本书研究的主要目的是从转出方视角考察社会网络对农地流转租金的影响,而影响农地流转租金的因素不仅包括社会网络,转出方的个人特征、家庭特征、认知状况乃至地域特征均在一定程度上对农地流转租金产生影响。这里将转入方行为视为黑箱,并将研究框架设定如图4.1所示。

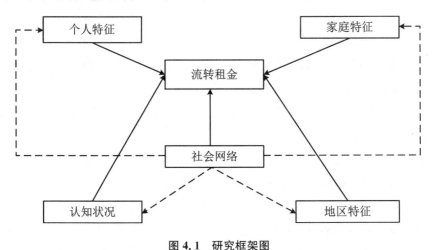

图4.1　研究框架图

3. 相关研究假说的提出

农地流转租金是农地流转的重要内容(翟研宁,2013),也是迄今未得到系统研究的重要问题。租金过低或过高均会带来一些问题。有学者注意到农村承包地使用权流转价格较为低廉(黄丽萍,2005),租金远低于理论价格,并对农村社会经济转型起到制约作用(杨公齐,2013)。李太平等人(2015)则注意到近年来农产品价格上涨显著拉动了流转租金的增加。孙钋(2014)则注意到农业补贴政策抬高了流转租金,并显著增加了转出方收入。社会网络,尤其是不同性质的社会网络与农地流转租金究竟存在什么样的关系?结合相关研究成果,本书拟运用田野调研数据,对于下列假说予以检验。

(1) 社会网络的流转租金效应。农业区别于非农产业的一个重要特征就是社会化和组织化程度相对较低,农地流转同样也面临这一问题。由于社会化和组织化程度偏低,作为市场行为的农地流转,相关各方不可避免地需要面对信息不对称问题,因此相关知识和信息的传播受到熟人社会和人情关系的影响,并在一定程度上导致信息不对称问题的出现。蒋培和冯燕(2015)指出,在现代农业型的农村社会中,基于强关系基础的人情关系在农村社会中发挥着主导作用。在农地流转过程中,不仅存在农民亲友间的强关系以及农民与转入方的弱关系,也同样存在着农民与乡镇干部的准强关系以及农民与村干部的准弱关系,它们对于农地流转的作用显然不一样。结合社会网络理论,提出关于社会网络与农地流转租金的如下假说:

假说1 不同类型的社会网络对农地流转租金有着不同影响。

上述研究均为本研究提供了较好的前期基础。但就中国农村而言,以强关系与弱关系进行划分显然过于简单了。村干部、乡镇干部与农民的关系究竟属于强关系,还是弱关系?村干部尽管与村民个人相对比较熟悉,但随着村庄合并与村庄规模的不断扩大,加之农民工的大规模外出,近年来村干部与农民也不再像以往那么熟悉,并同时具备了强关系和弱关系的某些特征。乡镇干部因承担部分农村工作,与农民的关系介于准熟人和陌生人之间,并具有一定情感因素。本书将乡村干部与农民的关系称之为准强关系,并将乡镇干部与农民的关系之称为准弱关系。准强关系和准弱关系尽管对于农村发展十分重要,但至今仍未得到系统研究。因此有必要结合政府主导型农地大规模流转有关田野调查资料,从流转租金维度来考察包括准强关系和准弱关系在内的社会网络及其农地流转租金效应。这种研究不仅有助于拓展社会网络理论,为研究农地流转问题提供一个新视角,对于现实工作同样有着重要的实践价值。

(2) 社会网络的直接影响与间接影响。包括强关系在内的社会网络对于农地流转行为的影响可能是直接影响,可能是间接影响,也可能是与其他因素的共同作用,并对流转租金产生影响。在本研究中,农地流转作为一种经济行为,是作为流转主体的个人或家庭经过理性思考,并通过强关系、准强关系、准弱关系和弱关系等社会网络与转入方博弈的产物。换而言之,社会网络是转出方与转入方就农地流转进行谈判和博弈的渠道,不同的社会网络其作用和效果也不尽相同,但这种渠道本身对于转出方决策影响有限。有鉴于此,本书提出如下假说:

假说2 社会网络对农地流转租金有着直接影响和间接影响,但其间接影响更显著。

4. 变量定义与描述

为进一步研究社会网络对于农地流转租金的影响,本书将宿州市埇桥区设定为参照组,并对于相关变量进行定义,如表4.8所示。

表4.8 变量定义与描述

变量名称	变量类别	变量类型	变量定义	均值
每亩租金(元)	因变量	连续变量		699.41
强关系	社会网络	虚拟变量	与亲友谈判=1,其他=0	0.015 8
准强关系	社会网络	虚拟变量	与村干部谈判=1,其他=0	0.831 7
准弱关系	社会网络	虚拟变量	与乡镇干部谈判=1,其他=0	0.079 2
弱关系	社会网络	虚拟变量	与转入方谈判=1,其他=0	0.161 4
年龄	个人特征	定序变量	18~30=1,31~45=2,46~59=3,60及以上=4	3.127 7
性别	个人特征	虚拟变量	男性=1,女性=0	0.539
教育年限	个人特征	连续变量		7.598 0
家庭人均耕地	家庭特征	定序变量	1亩以下=1,1~2亩=2,2亩以上=3	1.870 3
子女个数	家庭特征	连续变量		2.593 1
子女是否外出打工	家庭特征	虚拟变量	是=1,不是=0	0.715 8
家庭人均收入(元)	家庭特征	连续变量		5 715.73
农业为主要收入来源	家庭特征	虚拟变量	是=1,不是=0	0.357 4
流转数量	流转状况	定序变量	部分流转=1,大部分流转=2,全部流转=3	2.41
政策了解程度	流转状况	定序变量	不了解=1,有所了解=2,非常了解=3	1.41

(续表)

变量名称	变量类别	变量类型	变量定义	均值
便于水利灌溉	认知状况	虚拟变量	是＝1,不是＝0	0.246 5
便于防治病虫害	认知状况	虚拟变量	是＝1,不是＝0	0.195 0
风险太大	认知状况	虚拟变量	是＝1,不是＝0	0.065 3
不适合本地情况	认知状况	虚拟变量	是＝1,不是＝0	0.032 7
增收效果不明显	认知状况	虚拟变量	是＝1,不是＝0	0.116 8
合肥市肥西县	地区变量	虚拟变量	肥西＝1,其他＝0	0.203 0
合肥市长丰县	地区变量	虚拟变量	长丰＝1,其他＝0	0.245 5
宿州市萧县	地区变量	虚拟变量	萧县＝1,其他＝0	0.230 7

5. 社会网络的农地流转相对租金效应

(1) 农地流转租金模型

从研究方法看,如将农地流转租金看作因变量,我们可考虑运用 OLS 线性回归模型对流转租金进行研究。在本研究中,因变量为农地流转租金,需要重点考察的是社会网络对农地流转租金的影响。因此,我们可考虑建立社会网络与农地流转租金关系的基础模型

$$Rent = \beta_0 + \beta_{1i} X_i + \varepsilon \quad (4.5)$$

$Rent$ 为流转租金,X 为社会网络变量,它可以是强关系、准强关系、准弱关系或弱关系(Weak Ties),β_{1i} 为社会网络变量的系数,ε 为随机扰动项,通过大样本数据可以估计相关参数。但由于农地流转租金数字相对较大,直接进入方程会带来严重的异方差效应以及挤压小数据等问题。为此,本书拟对租金水平取对数,进而建立农地流转租金半对数模型

$$\log(Rent) = \beta_0 + \beta_{1i} X_i + \varepsilon \quad (4.6)$$

模型(4.6)可在一定程度上看出社会网络对农地流转租金的影响,但其没有考虑个人特征、家庭特征、农地流转、对农地流转的认知状况以及区域因素的影响,有必要在模型(4.6)的基础上,引入个人特征、家庭特征、农地流转与农地流转认知状况以及地域因素作为控制变量,并建立如下模型

$$\log(Rent) = \beta_0 + \beta_{1i} X_i + \beta_{2i} Z_i + \varepsilon \quad (4.7)$$

很显然,当将家庭人均收入作为家庭重要特征进入方程,我们对其采用取对数的方法时,方程(4.7)就变成了双对数模型。通过对其进行估计和化简,我们即可

判断包括社会网络在内的相关因素对于农地流转租金的影响方向与程度。

(2) 社会网络对农地流转相对租金影响估计结果

运用 Stata 12 软件对模型(4.6)和(4.7)直接回归结果的检验表明,两个模型均存在显著的异方差效应。为此我们运用稳健回归方法,即采用"最小二乘回归+稳健标准误"方法,先对半对数模型(4.6)进行估计,其结果见表 4.9 中第二列的半对数模型(4)。回归结果表明,就社会网络变量而言,除强关系未通过 10% 水平下的显著性检验,准强关系、准弱关系和弱关系均在模型中通过了显著性检验,这表明在不考虑其他控制因素的条件下,准强关系、准弱关系和弱关系对农地流转租金确有显著影响。但该模型判定系数为 0.032 2 表明,如果不考虑其他因素的话,社会网络对农地流转租金的影响微乎其微。

为了进一步提高模型解释能力,我们继续引入个人特征、家庭特征、流转状况和地区因素等作为控制变量,对模型(4.7)进行估计。本书对人均家庭收入取对数,并运用稳健回归方法,建立双对数模型(5)。在模型(5)基础上,运用前向回归法进行化简,以确保除社会网络变量外的其他控制变量均可以通过 10% 显著性检验,并得到半对数模型(6)。模型(5)和模型(6)的结果见表 4.9 的第三列和第四列。

表 4.9 社会网络对于农地流转租金的影响

	半对数模型(4)	双对数模型(5)	半对数模型(6)
强关系	−0.069 9	−0.059 8	−0.058 5
	(−1.33)	(−1.51)	(−1.52)
准强关系	0.066 2**	0.044 3**	0.044 7**
	(2.48)	(2.41)	(2.46)
准弱关系	−0.067 0**	−0.009 8	−0.008 2
	(−2.05)	(−0.89)	(−0.73)
弱关系	−0.066 6**	−0.024 0	−0.024 7
	(−2.53)	(−1.26)	(−1.32)
个人特征		√	√
家庭特征		√	√
流转状况		√	√
流转认知		√	√
地区因素		√	√

(续表)

	半对数模型(4)	双对数模型(5)	半对数模型(6)
常数项	6.474 6***	6.856 6***	6.852 4***
	(239.44)	(110.99)	(204.76)
R^2	0.032 2	0.815 1	0.813 9
F 分布下的统计量	14.52	369.49	476.86
样本数	1 010	1 010	1 010

注：*、**、***分别表示在10％、5％、1％的显著水平下。

考虑到自变量间可能存在多重共线性问题，我们对于模型(4)(5)(6)中的各变量进行方差膨胀因子检验，模型(4)中 VIF 平均值为 1.26，其中最高的为 1.51，最低的为 1.02；模型(5)中 VIF 平均值为 1.53，其中最高的为 2.29，最低的为 1.08；模型(6)中 VIF 平均值为 1.44，其中最高为 2.26，最低为 1.07，均远小于 10。这表明三个方程均不存在显著的多重共线性问题，估计结果可以接受。

模型(5)和(6)的计算结果表明，社会网络对农地流转租金确实有影响，但不同性质的社会网络影响有所不同。具体而言，准强关系与农地流转租金呈正相关关系，且在三个模型中均显著，而强关系、准弱关系和弱关系与农地流转租金呈负相关关系，但不显著。模型(5)和(6)的结果还表明，年龄、人均耕地、子女是否外出打工、农地流转数量、对政策了解程度、对于大规模流转的认知状况以及地域因素也对农地流转租金水平有着显著影响。

(3) 对于估计结果的进一步说明

以上结果表明，社会网络对于农地流转租金确实有影响。当引入相关控制变量后，准强关系仍呈正显著，而强关系、准弱关系和弱关系的影响则呈负向但不显著。现对其解释如下：

首先，就强关系而言，根据模型(4)(5)(6)给出的计算结果，通过强关系实现的农地流转，就租金水平而言分别低 6.75％、5.81％、5.68％，但均不显著。这可能是因为在相关谈判中，亲友间了解到的信息具有同质性，彼此间的沟通并不能改善转出方的交易地位，对于农民获取更多租金的作用极其有限。

其次，就准强关系而言，根据模型(4)(5)(6)给出的计算结果，通过准强关系实现的农地流转，就租金水平而言分别偏高 6.84％、4.53％和 4.57％，且均呈正显著。就现实来看，这可能是因为乡村干部组织能力强，且掌握较多与农地流转有关的信息资源，有助于弥补转出方信息不足的劣势，帮助农民获得更好的结果。因此，通过准强关系谈判有助于转出方获得更多的流转租金。

再次,就准弱关系而言,通过准弱关系实现的农地流转,租金分别偏低 6.48%、0.98% 和 0.81%,除在模型(4)中通过了显著性检验,在模型(5)和(6)中均不显著。这可能是因为,就政府主导型农地大规模流转而言,动员群众进行流转是乡镇干部和乡镇政府的工作任务。这种动员与介入,在一定程度上干预了微观市场机制运行和农户微观决策,致使农民无法获得更多租金收入。但模型(5)和(6)中不显著也表明,准弱关系影响农地流转租金与其他因素有关,且对流转租金影响不大。

最后,就弱关系而言,通过弱关系实现的农地流转,租金分别低 6.44%、2.37% 和 2.44%,除在模型(4)中显著,在模型(5)(6)中均未通过显著性检验。这可能是因为农村市场机制发育不充分,作为转出方的农民与转入方彼此缺乏信任,加之农民信息闭塞、谈判能力较低,致使其在与转入方的谈判中难以获得更多的农地流转租金收入。

6. 直接效应还是间接效应

(1) 农地流转租金交互模型

上述研究表明,包括强关系、准强关系、准弱关系和弱关系在内的社会网络对农地流转租金确有影响,其中准强关系呈正显著,而强关系、准弱关系和弱关系的影响呈负向不显著。但上述研究是建立在社会网络变量与控制变量互不相关的基础上的,并没有回答这种影响究竟是直接影响,还是间接影响。考虑到社会网络对农地流转租金产生影响在很大程度上是诸多变量相互作用的结果,我们在模型(4.7)基础上进一步建立农地流转租金交互模型,即

$$\log(Rent) = \beta_0 + \beta_{1i} X_i + \beta_{2i} Z_i + \beta_{3i} X_i Z_i + \varepsilon \quad (4.8)$$

在模型(4.8)中,如果 β_{1i} 显著,则表明社会网络对农地流转租金的影响表现为直接影响。如果 β_{3i} 显著,则表明社会网络对农地流转租金的影响表现为间接影响。如果 β_{1i} 和 β_{3i} 均显著,则表明社会网络对农地流转租金既有直接影响,也有间接影响。如果 β_{1i} 和 β_{3i} 均不显著,则表明社会网络对于农地流转租金的影响可以忽略不计。

(2) 交互模型回归结果

考虑到交互模型所涉及的变量较多,本书运用相关数据,采用"最小二乘回归+稳健标准误"方法和逐步回归方法对于模型(4.8)进行估计,并在 10% 的显著性水平下予以化简,化简后的模型回归结果如表 4.10 所示。表 4.10 中给出的结果表明,社会网络对于农地流转租金的影响更多地体现为间接效应,而不是

直接效应。

表 4.10　交互模型回归结果

	系数	稳健标准误	T 值
准强关系×人均耕地	−0.011 8**	0.005 9	−2.02
准强关系×子女外出打工	−0.018 6**	0.008 6	−2.16
准强关系×政策了解程度	0.019 9***	0.006 9	2.90
准强关系×农业为主要收入来源	0.031 2***	0.009 0	3.46
准强关系×便于水利灌溉	−0.029 6**	0.013 1	−2.25
准强关系×便于病虫害防治	−0.034 1**	0.014 1	−2.42
准强关系×风险太大	0.029 9**	0.013 3	2.24
准强关系×不适合本地	−0.085 8**	0.038 1	−2.25
准强关系×增收效果不明显	−0.042 6***	0.015 2	−2.80
准强关系×萧县	0.086 5***	0.021 3	4.07
准弱关系×教育年限	0.007 1**	0.003 1	2.30
准弱关系×人均耕地	0.026 7**	0.010 7	2.49
准弱关系×家庭人均收入对数	−0.011 4***	0.003 9	−2.96
准弱关系×风险太大	−0.132 8***	0.026 5	−5.02
准弱关系×肥西县	−0.086 0***	0.019 9	−4.32
弱关系×农业为主要收入来源	−0.044 2*	0.023 8	−1.86
地域因素		√	
常数项	6.873 8***	0.013 7	500.81
R^2	0.822 7		
样本数	1 010		

注：*、**、***分别表示在10%、5%、1%的显著水平下。

(3) 对于交互模型估计结果的进一步说明

双对数交互模型的计量结果表明，社会网络对农地流转租金的影响主要表现为间接影响而非直接影响。强关系对农地流转租金的影响可以忽略不计，但准强关系、准弱关系以及弱关系均对农地流转租金有着间接影响，其中准强关系的影响为正，而准弱关系和弱关系的影响为负。

首先，就准强关系而言，交互模型的计算结果表明，准强关系对农地流转租金的影响主要体现在人均耕地、子女是否外出打工、政策了解程度、主要收入来源为农业、农民对农地大规模流转相关好处与不足的认知等相关因素的交互作用,其中政策了解程度、农业为主要收入来源、风险太大与准强关系的交互关系为增强型交互关系,它们与准强关系相互作用,使得农地流转租金相对较高,而人均耕地、子女外出打工、便于水利灌溉、便于病虫害防治、不适合本地、增收效果不明显与准强关系的交互关系为干扰型交互关系,它们共同与准强关系相互作用,在一定程度上削弱了准强关系与农地流转租金的正相关关系。地域变量萧县与准强关系之间的增强型交互关系则表明在萧县,准强关系明显有助于农民获得较高租金。这也表明,农民与乡村干部的准强关系不仅有助于维护农民的经济利益,也有着重要的经济价值。

其次,就准弱关系而言,交互模型给出的结果表明,准弱关系对农地流转租金的影响主要体现在教育年限、人均耕地、家庭人均收入对数、风险太大与准弱关系的交互作用,其中教育年限、人均耕地与准弱关系的交互关系为增强型交互关系,它们与准弱关系相互作用,使得农地流转租金相对较高,而家庭人均收入对数、风险太大与准弱关系的交互关系为干扰型交互关系。此外,地域变量萧县与准弱关系之间的干扰型交互关系则表明在肥西县,农民与乡镇干部的准弱关系在一定程度上抑制了农地流转租金水平。这表明乡镇干部介入农地流转,尽管可能有助于加快农地流转进度,但也在一定程度上会不利于农民获取更多的农地流转租金收入。

最后,就弱关系而言,交互模型给出的结果表明,弱关系对农地流转租金的影响主要体现为弱关系与农业为主要收入来源的交互关系上。其系数为负表明对于那些收入主要来自农业的农民而言,其在农地流转过程中不能够很好地运用市场谈判机制获取更多的收入。这表明市场失灵现象在农地流转过程中仍普遍存在。

7. 研究结果的现实政策含义

本章结合农地大规模流转田野调研资料,对于社会网络的农地流转租金效应进行考察,研究结果表明:强关系、准强关系、准弱关系和弱关系等社会网络对农地流转租金有着不同的影响,其中准强关系与农地流转租金呈显著正相关,而强关系、准弱关系和弱关系与农地流转租金均呈负相关。准强关系、准弱关系和弱关系对农地流转租金的影响主要是间接影响,而非直接影响,其中准强关系的影响为间接正向影响,而准弱关系的影响为间接负向影响。

上述研究结论的政策含义如下:首先,在农地流转过程中,应充分发挥不同性质社会网络的作用,以实现农地流转双方相关利益的双赢;其次,在农地流转,尤其是在欠发达地区的农地流转过程中,应设法发挥乡村干部和准强关系的积极作用,确保农地流转工作的有序推进;最后,在农地流转过程中,应注意帮助农民更多地了解与农地流转相关的政策和信息,切实改善农民的市场地位。

最后应指出的是,本书仅研究了政府主导型农地大规模流转中的流转租金问题。市场型农地流转租金问题同样十分重要,但至今尚未得到深入研究,这也将成为农地流转领域下一步的重要研究方向。

三、本章小结

本章结合田野调研资料,运用计量模型对政府主导型农地大规模流转项目所涉及的流转期限和租金问题进行进一步考察和研究。

对流转期限的研究结果表明,流转期限与家庭收入来源、社会网络、流转期望以及地域特征有显著关联关系。对农民流转期限认知行为研究的相关结果表明,农民流转期限认知与个人特征、家庭特征、社会关联、农地流转实施具体状况和地域特征存在着显著关联关系。因此在农地流转中,必须正视上述因素的积极作用与消极作用。具体来说:其一,应充分考虑不同群体的诉求。在推进农地流转和规模化经营中,应考虑性别、年龄因素的影响,尤其应对农村人口老龄化影响展开充分研究。其二,应设法增加农民收入,尤其是非农收入,以确保农地流转有序进行。在农业增收有限的情况下,农民非农收入增加了,他们才更愿意流转农地。其三,应注意发挥乡村干部和乡镇政府的积极作用。其四,对于农民的农地流转期待,应持客观态度。农地大规模流转好处不少,但如果操作不当,也可能引发一些新问题。其五,地域特征与农民农地流转期限认知的显著关系表明,现实不存在放之四海而皆准的农地规模流转模式,只能是在具备推广条件的地方结合现实有序推进,不宜通过行政命令方式强行推广。

针对流转租金的研究结果表明,农地流转租金水平与农民的个人特征之间的关系可以忽略不计,这在一定程度上表明农地流转更多的是一种经济行为,与个人特征关系不大。但流转租金水平不仅受到人均耕地数量、收入水平、收入来源等家庭特征的影响,也与流转数量、流转期望、谈判对象与社会网络、地域特征有着紧密关系。回归分析结果同样表明,农地流转租金水平存在显著的地域性差异,大致来说埇桥区农地流转租金水平最高,萧县次之,长丰县与肥西县相对较低。对于社会网络如何影响农地流转租金的进一步研究结果表明:强关系、准强关系、准弱关系和弱关系等社会网络对农地流转租金有着不同的影响,其中准强关系与农地流转租金呈显著正相关关系,而强关系、准弱关系和弱关系与农地流转租金均呈负相关关系。准强关系、准弱关系和弱关系对农地流转租金的影响主要是间接影响,而非直接影响,其中准强关系的影响为间接正向影响,而准弱关系的影响为间接负向影响。这一结果的政策含义体现在以下几个方面:首先,在农地流转过程中,应充分发挥不同性质的社会网络的作用,以实现农地流转双方相关利益双赢;其次,在农地流转,尤其是欠发达地区的农地流转过程中,应设法发挥乡村干部和准强关系的积极作用,确保农地流转工作的有序推进;最后,在农地流转过程中,应注意帮助农民更多地了解与农地流转相关的政策和信息,切实改善农民的市场地位。

第五章 政府主导型农地大规模流转的绩效探析

上一章结合田野调研所获资料,运用计量模型研究了政府主导型农地大规模流转项目所涉及的流转期限和租金问题。本章拟分别从转出方、转入方以及干部视角考察政府主导型农地大规模流转的绩效问题。

一、绩效与政府主导型农地大规模流转绩效

所谓绩效,简单地说就是成绩与成效的综合。政府主导型农地大规模流转极大地改变了转出方与转入方的关系,也对农村经济、社会、生态等多方面产生了强烈而深远的影响。对政府主导型农地大规模流转的绩效至少可以从三个方面来分析。

首先,对于转出方而言,成功的农地流转项目,尤其是政府主导型农地大规模流转不仅可以带来租金收入,也可以带来一些就业机会,为其通过外出打工或为转入方打工,获得工资性收入创造了必要前提与可能(常伟、梅莹、李晨婕,2014)。对于那些从事非农经营并获取经营性收入的人们,可以更专心致志地投入到经营活动中来。而那些有志于创业的人们,也因为农地已流转出去,反而可以心无旁骛地从事创业活动。此外,政府主导型农地大规模流转还有助于实现转出方收入的多元化,从而规避从事单一类型经济活动所带来的相关风险,有利于其树立较为长远的预期目标,实现生活状态的稳定。

其次,对于转入方而言,政府主导型农地大规模流转项目如果经营得当,也可以产生巨大回报,这种回报主要体现在如下几个方面:(1)农地大规模流转的增地

效应。通过项目推进,结合田间道路、田埂的平整,可以在一定程度上增加耕地面积,如果再与村庄合并、宅基地复垦整理相结合,增地效果更加明显,而耕地面积增加也会在一定程度上带来产量和效益增加。据著名三农问题专家何开荫测算,通过村庄合并和道路平整,全国可以新增耕地2亿亩左右。具体到每个项目区而言,增地效果也十分可观。(2)农地大规模流转的农业资源配置效应。由于"小而全"的生产经营方式,农业机械使用出现了使用率低和重复投入现象。如宿州市埇桥区西二铺乡沟西村有420户农民3700多亩耕地,如采用规模经营,全村仅需购置15台套大型拖拉机、收割机,总投入约150万元。而现实中,该村购买农用拖拉机的农户却达60%以上,相关设备利用率不足达50%,浪费十分严重。反之,如果通过流转实现规模经营,则可以实现农业机械的合理配置和优化使用。而政府主导型农地大规模流转可以实现农地规模经营(张乃侠、赵莉、韩晓宇,2012),进而大幅度提高农业技术装备的使用效率和经营效率,并为农业现代化创造必要的前提(张兰、冯淑怡、曲福田,2014)。(3)农地大规模流转的增产增收效应。息县种植大户柳学友的合作社,小麦亩产已超过了500千克。由于采用大面积机械化种植,小麦质量达到优质类小麦标准,相对于周边地区,正常情况下每亩可以收入高出400~450元左右。(4)农地大规模流转的政府扶助效应。当经营规模足够大时,由于其涉及的点多面广,政府便可出于社会稳定考虑,在市场开拓、信贷资源获得等方面给予转入方有力的帮助,而对于小规模经营主体而言,他们基本上是不具备大幅度帮助的申请资格的。(5)农地大规模流转的社会资本效应。在国家强调农业现代化的大背景下,转入方因从事大规模经营很容易获得一些政治荣誉,如相关负责人被推选为省、市乃至全国党的代表大会代表或者人大代表,这不仅有助于转入方获取更多的社会资本,也会因其身兼民间资本与体制内身份等原因,从而拥有"跨体制社会资本"(边燕杰、王文彬、张磊、程诚,2012),并在政府主导型农地大规模流转中占据优势。如宿州市埇桥区夹沟镇夏刘寨村村支书王化东因在2000年前后推进大规模流转农地,并产生了全国性影响,从而当选为中共十七大代表。河南省息县种植大户柳学友也因大规模从事粮食生产而于2009年2月得到了时任国务院总理温家宝的接见。这些对于转入方而言,均意味着进一步扩大的社会经济影响力。

最后,对于政府而言,干预农地流转仍有其现实必要性。第一,我国目前城乡收入差距依然比较大,缩小城乡居民收入差距,实现包容性发展是各级人民政府义不容辞的责任。第二,在农村地区由于市场体系建设滞后,市场机制不健全,因此政府在一定程度上替代市场有助于改善农村微观资源配置效率。第三,从我国政府考核体系而言,农村发展和农民增收可以彰显地方官员政绩,吸引上级领导前来考察调研,从而有助于地方官员行政升迁。

二、政府主导型农地大规模流转的转出方绩效

(一) 转出方绩效的描述性统计分析

基于转出方视角来看,政府主导型农地大规模流转绩效主要体现在转出方的经济效益上,即农地转出是否能增加转出方的经济收益,改善转出方的经济状况。就政府主导型农地大规模流转是否改善了农民的经济状况而言,笔者于2012年8月和2013年2月针对合肥市肥西县、长丰县以及地处省宿州市的萧县和埇桥区的田野调查结果显示,有1 009位调研对象给出了有效回答,流转后经济状况有所改善的有520人、流转后经济状况和以前差不多的有377人、流转后经济状况有所下降的有112人,分别占有效回答的51.54%、37.36%和11.10%。由此看出,流转后大多数农民的经济状况有所改善,但也有相当一部分农民的经济状况没有得到改善,小部分农民的经济状况甚至有所恶化。

人们对于影响流转后收入是否提高的因素表达了自己的看法。就相关原因而言,共有817人表达了自己看法,其中有559人表示相关因素导致了自己收入状况改善,有94人认为"租金收入较高",419人表示"可以外出打工获得较高收入",57人表示"有利于在本地创业,从事非农生产经营",245人表示"拓宽了收入渠道",分别占总样本总数的9.31%、41.49%、5.64%和24.26%。但也有258人认为自己收入状况没有改善,就具体原因而言,有47人表示"转入方经营效益较差,租金不能及时兑现",76人表示"为转入方打工,工资被拖欠",157人表示"不如自己经营效益好",76人表示"粮食蔬菜均需从市场购买,生活成本增加",分别占样本总数的4.65%、7.52%、15.54%和7.52%。

(二) 转出方绩效的计量分析

本书采用多分类Logit方法考察政府主导型农地大规模流转项目实施后转出

方的经济状况是否有所变化,将"和以前差不多"设置为因变量参照组,并分别将因变量设定为有所改善和有所下降,将文化程度为小学及以下设定为参照组,回归结果如表5.1所示。表5.1表明初中文化程度、政治面貌为中共党员、耕地数量、认为便于机收机种、认为有利于农民增收、流转数量、与亲友签约等要素与转出后经济状况有所改善呈显著正相关,而认为群众不支持、感觉租金有些低以及地域变量长丰县这些要素与转出后经济状况有所改善呈显著负相关。该表同样表明家庭收入来自农业、认为群众不支持、认为增收效果不明显、感觉租金有些低、与亲友签约、感觉期限太长了以及地域变量长丰县这些要素与转出后经济状况有所下降呈显著正相关,而初中文化程度、政治面貌为中共党员、耕地数量、认为有利于农民增收这些要素与转出后经济状况有所下降呈显著负相关。

表5.1 转出后经济状况回归结果($N=1\,010$)

变量	Logit(1/0)			Logit(2/0)		
	系数	Z值	P值	系数	Z值	P值
常数项	−2.481 8	−6.427 9	0.000 0	−3.252 9	−5.045 9	0.000 0
初中文化程度	0.431 0	2.698 4	0.007 0	−0.767 7	−2.533 5	0.011 3
中共党员	0.725 8	2.499 0	0.012 5	−2.122 1	−2.060 2	0.039 4
耕地数量	0.469 1	4.633 1	0.000 0	−0.309 4	−1.870 5	0.061 4
家庭收入来自农业	−0.144 5	−0.913 5	0.361 0	0.857 4	3.504 7	0.000 5
便于机收机种	0.543 8	3.190 6	0.001 4	−0.510 1	−1.610 4	0.107 3
有利于农民增收	1.127 1	7.398 3	0.000 0	−0.535 4	−2.180 1	0.029 3
群众不支持	−0.778 2	−2.107 2	0.035 1	0.623 0	1.662 7	0.096 4
增收效果不明显	−0.105 2	−0.428 4	0.668 4	0.557 8	1.801 5	0.071 6
流转数量	0.390 4	3.686 6	0.000 2	0.244 2	1.350 7	0.176 8
感觉租金有些低	−0.230 7	−1.517 6	0.129 1	1.101 3	4.666 0	0.000 0
感觉期限太长了	−0.415 7	−2.632 2	0.008 5	0.447 3	1.912 4	0.055 8
与亲友签约	0.325 1	2.035 0	0.041 8	0.486 2	1.862 6	0.062 5
长丰县	−0.491 2	−2.760 2	0.005 8	0.430 8	1.688 4	0.091 3
麦克法登决定系数	0.164 2			0.184 0		
似然比统计量	229.724 4			129.517 9		
似然比统计量概率	0.000 000			0.000 000		

其一,就个人特征而言。初中文化程度的人们认为自己经济状况有所改善的比例明显要偏高,且认为自己经济状况有所下降的比例明显偏低,这可能是因为就农村教育而言,初中教育的回报率最高所致。中共党员认为自己经济状况有所改善的比例明显要偏高,且认为自己经济状况有所下降的比例明显偏低。这可能是因为在农村中共党员多属精英人士,其把握机遇的能力相对要强得多。

其二,就家庭特征而言。耕地面积越大,认为自己经济状况有所改善的比例越高,且认为自己经济状况有所下降的比例越低,这表明人均耕地越多的家庭,越可能通过农地流转带来经济状况的改善。收入来源含农业性收入的人们,转出后经济状况有所下降的比例明显偏高,这可能是因为农地转出后难以获取其他收入。

其三,就对政府主导型农地大规模流转项目的认知而言。那些认为政府主导型农地大规模流转项目便于机收机种和增加农民收入的调研对象,其认为自己经济状况有所改善的比例明显偏高,认为群众不支持的人们认为自己经济状况有所改善的比例明显偏低,而那些认为群众不支持、增收效果不明显的人们认为自己经济状况有所改善的比例明显偏低。

就农地流转的相对数量而言,流转相对数量越多,则人们认为自己经济状况有所改善的比例越高,这可能是因为政府主导的形式坚定了农民的信心。那些觉得价格有些低了以及认为流转期限太长的调研对象,其认为自己经济状况有所下降的比例也明显偏高。

其四,与亲友签约的认为自己经济状况有所改善的比例与认为自己经济状况有所下降的比例都较高,这既体现了强关系的重要性,也表明强关系的作用很有限。

其五,就地域特征而言,来自长丰县的调研对象认为自己经济状况有所改善的比例显著偏低,并且认为自己经济状况有所下降的比例显著偏高,这可能与长丰县前几年发生的转入方经营失败事件有关。

(三) 政府主导型农地大规模流转是否有助于农民增收

据田野调查数据显示,有 595 人认为政府主导型农地大规模流转项目有助于增加农民收入,有 118 人认为增收效果不明显。这表明作为农地转出方的农民看来,政府主导型农地大规模流转在一定程度上有助于农民收入增加,但在小部分群众看来,这种流转模式也存在着增收效果不明显的问题。

三、政府主导型农地大规模流转的转入方绩效

(一) 转入方视角下的绩效

就政府主导型农地大规模流转项目而言,转入方大多期望这种流转可以给转入方带来丰厚的经济回报。但就其经营绩效而言,有的取得了不错的绩效,但也有的绩效欠佳,不尽如人意。如果使用得当,政府主导型农地大规模流转的确可以在一定程度上提高转入方的经营效益。

案例3:2009年2月安徽省柏林庄苑现代农业有限公司正式落户安徽省舒城县柏林乡,签订了为期30年的流转合同,并成功流转农田12 200亩,范围涉及5个村3 019户农民。流转前每年稻谷亩产400千克左右,农地大规模流转后转入方采用优质良种、测土配方施肥、统一病虫害防治等先进农业技术,项目区年均增产粮食332万千克,并为项目区内的1 180位留守农民提供了就业岗位。

案例4:在当地政府的支持下,种粮大户李希珍自2002年开始,在萧县新庄、黄口镇用5年时间流转承包了2 600多亩地,其中2 200亩从事粮食生产。2007~2013年又流转了3 000亩耕地,聘请10余名农业技术专家,配置多台农业大型装备,基本实现了农田作业机械化。李希珍常年雇用的100多位农民年均劳务收入也超过了5 000元。

案例5:振峰药业在宿州市埇桥区蒿沟乡高滩等4个村投资5 500万元流转土地面积1万余亩从事中药材种植,并建立了以安徽振峰药业有限公司为龙头、中药材种植家庭农场为基础、中药材种植农民专业合作社为纽带的振峰药业中药材产业联合体,形成了集种植、加工、销售及技术培训为一体的中药材产业基地。该项目刚进入当地时,因农民对中药材市场不熟悉,担心流转土地的每年每亩1 000元租金无法兑现,一些大户也担心中药材销售问题,所以,初期种植面积不到7 000亩。但经过一年多的实践,农民除拿到租金外,也看到了中药材的经济效益,均纷纷希望加入合作社,种植中药材。

尽管政府主导型农地大规模流转不乏成功典型,但这些并没有改变农业投资回报周期长、抗风险能力差的缺点。对于那些大规模经营主体而言,尽管田间作业

机械化并不是问题。就粮食单产而言,流转后与周边小规模经营主体相比,也不见得普遍偏高。在安徽省六安市木厂镇流转土地10 000亩的某农民,在田间管理方面采取了看板管理等现代管理手段,但在接受笔者调查时,他却明确表示,除新品种推广外,大规模种植在产量、效益等方面与农户小规模经营相比并没有什么特别优势。

不仅如此,转入方还需要面对另外一些亟待解决的问题,其中最为突出的就是"卖粮难"。当粮食生产处于家庭经营层面时,即便粮食行情不好,也可通过自然晾晒的方式将粮食烘干储存,择机卖出。而在大规模经营条件下,转入方需在短时间内收割几千吨甚至上万吨粮食。这时摆在他们面前的选择大致有以下几种:(1)随行就市在市场上卖掉。在相对狭小的粮食市场上,由于购买者相对较少且具有较高的组织化程度,粮食生产者因缺乏市场议价权而处于不利地位。以芜湖市繁昌县平铺镇为例,每逢收获季节,除个别人将粮食拉到外地销售外,大多数人只能选择将粮食卖给当地企业,直接导致当地粮价与周边相比偏低。(2)采取自然晾晒措施。收获季节最怕遇到阴雨天,如安徽省怀远县某全国种粮大户,2013年玉米收获时因缺乏晒场不得已将玉米放在炉边晾晒,由于遇到阴雨天导致几十万千克玉米霉变,遭受巨额经济损失。有些转入方因为无法及时收割,小麦稻谷发芽的事情时有发生。(3)投资烘干设备和贮藏设施。如繁昌县种植大户曹仁宏为解决晒场和粮食霉变问题,投资1 400多万元购置了21套粮食烘干机,不仅满足了自身需求,而且每年可为农民挽回损失300余万元。

随着近年来农地流转租金水平的提升,一些转入主体均遇到了较大的经营压力,盈利较为困难。一些经营主体在流转土地时往往采用粗放的计算方式,甚至只想到政府有补贴,因而对规模经营困难估计不足。安徽潜山县源潭镇某回乡农民2009年回村后,以每亩175千克稻谷的价格流转了7 200亩地,但在租地的第二年就赔进去了上百万元(瞿长福、单保江、张雪,2014)。事实上,近年来安徽省合肥市长丰县、滁州市都曾出现大量流转土地的转入方亏损后,负责人"跑路"的事件,最后只得由当地政府买单。

案例6:某种粮大户在五河县流转了9 000亩耕地,并与转出方约定农地签约后需支付第一年租金,只有付清第二年的租金才能收割第一季庄稼,这给日常运营带来了很大的资金运营压力。因资金链断裂,2014年午收时转入方无法及时兑付农地承包租金,不得已通过民间借贷来向农民兑付流转租金,边付租金边收割。由于无法及时付清最后2 000亩耕地第二年的租金,致使2 000亩小麦在地里发芽,后被群众收割,造成了近200万元的经济损失。

综上所述,政府主导型农地大规模流转模式并非无法带来经济效益,但其所面临的困难不小,问题也不少,不解决这些困难和问题,效益就无从谈起。

(二) 转出方视角下的经营效益与种植结构转变

考察政府主导型农地大规模流转项目的效益可以从流转后转入方经营的产量和效益方面加以评价,转出方作为项目的参与者和观察者,对此无疑有着最为直接和深刻的感受。就与农民自己种植相比,政府主导型农地大规模流转项目产量如何的问题,有826人给出了有效回答,具体情况如表5.2所示。这一结果表明政府主导型农地大规模流转与农民自己种相比,既存在产量相对较高的情况,也存在产量较低的情况,并不能简单断定转入方经营产量较高。

表5.2　与农民自己种相比政府主导型农地大规模流转项目产量状况($N=826$)

转入方产量较高(人数)	比例(%)	没有明显差别(人数)	比例(%)	转出方产量较低(人数)	比例(%)
308	37.29	319	38.62	199	24.09

就流转后的经济效益而言,转出方根据亲身体验给出的相关回答具有较强的说服力。就政府主导型农地大规模流转项目与市场主导型农地大规模流转项目相比,共计有829位调查对象给出回答,具体结果如表5.3所示。这表明转入方的产量和效益不稳定,可能较高,但也可能较低。产量和效益较高固然体现出了这些项目的积极影响,但产量和效益较低的情况更应引起相关各方的密切关注。

表5.3　与自发型流转相比政府主导型农地大规模流转项目效益状况($N=829$)

很好(人数)	比例(%)	差不多(人数)	比例(%)	比较差(人数)	比例(%)
344	41.49	318	38.36	167	20.15

与市场自发型流转相比,政府主导型农地大规模流转项目在经营范围上是否一样,有701位调研对象给出了回答,其中有267位调研对象表示转入方的种植范围与市场主导型相同,其中有434位调研对象表示不一样。表示在流转前,转出方主要种植粮食作物的为943人、种植蔬菜作物的为12人、种植其他经济作物的为35人,这表明大多数转出方在农地转出之前主要种植粮食作物。就流转后转入方的种植范围而言,根据转出方的观察,流转后主要种植粮食作物的为350人、种植蔬菜作物的为52人、种植其他经济作物的为632人。这在一定程度上表明,政府主导型农地大规模流转后"非粮化"问题已成为了不容忽视的问题(常伟、李梦,2015)。

四、干部视角下的政府主导型农地大规模流转效益与种植结构转换

(一)干部视角下的政府主导型农地大规模流转效益

干部们对于政府主导型农地大规模流转问题也有着自己的看法。笔者调查了包括 155 位村支书、92 位第一书记和 90 位县乡干部在内的 337 位干部,结果如表 5.4 所示。结果表明,在大部分干部看来,政府主导型农地大规模流转项目有助于生产效益的提高。

表 5.4 干部们对政府主导型农地大规模流转效益看法

	有所改善	比例(%)	差不多	比例(%)	不如以前	比例(%)
村支书	104	67.10	49	31.61	2	1.29
第一书记	55	59.78	35	38.05	2	2.17
县乡干部	51	56.67	31	34.44	8	8.89
合计	210	62.31	115	34.13	12	3.56

考虑到农村干部对于政府主导型农地大规模流转项目有较为深刻的了解,笔者调查了包括 85 位第一书记和 153 位村支书在内的 238 位农村干部,结果如表 5.5 所示。这表明,在大部分农村干部看来,政府主导型农地大规模流转项目有助于生产效益的提高。

表 5.5 农村干部对政府主导型农地大规模流转效益看法

	有所提高	比例(%)	与流转前差不多	比例(%)	不如流转前	比例(%)
村支书	90	58.83	54	35.29	9	5.88
第一书记	55	64.71	28	32.94	2	2.35
合计	145	60.93	82	34.45	11	4.62

（二）干部视角下的政府主导型农地大规模流转种植结构转换问题

针对农村干部的调查也进一步说明了政府主导型农地大规模流转项目普遍存在着农业种植结构转换问题。就流转前的种植结构而言，249位农村干部给出了回答，其中有236人表示在流转前以种植粮食作物为主、5人表示在流转前以种植蔬菜作物为主、5人表示在流转前以种植经济作物为主，所占比例分别为94.78％、2.01％和3.21％。就流转后的种植结构而言，235位农村干部给出了回答，其中26人表示政府主导型农地大规模流转项目流转后以种植粮食作物为主、28人表示在流转后以种植蔬菜作物为主、181人表示在流转后以种植经济作物为主，所占比例分别为11.06％、11.92％和77.02％。

针对第一书记的调查结果与上一结果大致相同。就流转前的种植结构而言，92位第一书记给出了回答，其中有88人表示在流转前以种植粮食作物为主、3人表示在流转前以种植蔬菜作物为主、1人表示在流转前以种植经济作物为主，所占比例分别为95.65％、3.26％和1.09％。就流转后的种植结构而言，85位第一书记给出了回答，其中有6人表示政府主导型农地大规模流转项目在流转后以种植粮食作物为主、11人表示在流转后以种植蔬菜作物为主、68人表示在流转后以种植经济作物为主，所占比例分别为7.06％、12.94％和80％。

针对村支书的调查结果也是如此。就流转前的种植结构而言，157位村支书给出了回答，其中有148人表示在流转前以种植粮食作物为主、2人表示在流转前以种植蔬菜作物为主、7人表示在流转前以种植经济作物为主，所占比例分别为94.27％、1.27％和4.46％。就流转后的种植结构而言，150位村支书给出了回答，其中有20人表示政府主导型农地大规模流转项目在流转后以种植粮食作物为主、17人表示在流转后以种植蔬菜作物为主、113人表示在流转后以种植经济作物为主，所占比例分别为13.33％、11.33％和75.34％。

无论是第一书记，还是村支书，在他们看来，政府主导型农地大规模流转项目在实施之前，项目区内的农业种植模式绝大部分以种植粮食作物为主，而在项目实施以后则基本上以种植经济作物为主，由此可见，政府主导型农地大规模流转项目所带来的农业生产"非粮化"已经成为一个不容忽视的现实问题。

这种情况之所以出现，与近年来农地流转价格租金的快速攀升是分不开的。根据笔者于2013年针对安徽省的调查结果可知，农地流转租金一般按当地粮食平均年收成计算，约为500～700元/亩。低于这一水平则很难吸引农民流转农地。

但若接受了这一租金水平,并且继续种植粮食,极有可能会出现亏损,除非其能在种植成本不变的情况下,将粮食产量提高20%以上。因此大多数转入方在流转到农地后,均从事水果、大棚菜种植或搞园林建设,以弥补先期流转成本,避免出现亏损,这种做法使得当地的粮食种植面积和产量都有明显减少。尽管也有部分转入方坚持继续种植粮食作物,但因租金过高,这些主体大多经营艰难,基本处于亏损或非盈利状态。政府给予的农机、燃油等相关补贴远不能抵消其必须付出的每年每亩数百元的土地租赁费。

五、政府主导型农地大规模流转模式下的政府绩效

就其职责和功能而言,政府是农村公共产品的主要提供者。但就政府主导型农地大规模流转项目而言,政府不仅是公共产品提供者,也是转出方和转入方交易达成的促成者,从某种意义上讲,政府也是农地大规模流转项目的利益分享者。但由于农业面临着自然风险和市场风险,为帮助转入方尽快适应环境,政府往往会给予转入方一定的资金和技术支持,提供一定的补助,如设定大规模流转奖励基金,这些均可以在一定程度上降低流转风险。

对现代经济发展而言,农业除了具有产品贡献、市场贡献、要素贡献和外汇贡献外(朱四海,2005),还具有生态贡献、安全贡献、政治贡献和文化贡献。政府通过各种必要手段支持农业发展也是国际通行做法。

应该指出的是,政府主导型农地大规模流转项目如果成功实施,各方受益,自然是一个多方共赢的结局。反之,若是企业经营不善出现亏损的话,政府就不得不承担起相应的责任,帮助企业解决困难。更甚者,若是企业出现巨额亏损,甚至出现负责人"跑路"的状况时,政府则不得不为造成的损失买单,从而形成了企业与政府间事实上的预算软约束关系。为应对这种风险,一些地方政府也出台了相关应对措施,如合肥市肥西县委县政府于2009年出台的《关于农村土地承包经营权流转工作二十条(试行)》第十九条规定,建立流转双方双向约束机制,受让方实行租金预付制,原则上不低于50%,具体由双方协商约定。该文件还规定,受让方拿出单标额度的5%,转出方拿出流转收益的5%,政府则各配套补贴5%分别作为风险保证金、信用保证金,并设立个人账户。通过这些措施来尽量规避相关风险。

尽管如此，政府主导型农地大规模流转项目对于政府的收益回报也是相当可观。笔者在相关调查中注意到，这类项目大多与基于农村耕地、宅基地整理项目的招商引资有关。以安徽农村为例，耕地整理项目增地率一般可以达到6%~7%。根据"增减挂钩"相关制度安排，这种增地指标经验收后可直接用于城市建设用地（王振波、方创琳、王婧，2012；谭明智，2014）。以合肥市为例，2012年这一指标甚至已经达到了每亩400~500万元。在国家极端重视基本农田保护的情况下，其经济价值极其可观。政府投入不菲，但回报更丰。不仅如此，这类项目因规模和影响较大，容易受到上级领导和媒体关注，从而有助于地方主要领导的行政升迁。

就现实而言，为推动农业规模化经营，政府往往以财政补贴方式鼓励转入方支付高租金。此类补贴对县乡政府来说，短期小范围补贴尚可，但长期大范围补贴很难承受（易小燕、陈印军、王勇，2012；于传岗，2012）。因此政府主导型农地大规模流转项目具有示范效应，但不具有持续效应与推广效应（于传岗，2012）。

此外，政府主导型农地大规模流转项目也有可能造成农地资源的掠夺式使用。尽管大规模经营主体通过农地整理和机械化作业，在农村劳动力大规模外出和农村人口老龄化背景下避免了农地抛荒和农地低效率使用的出现，提高了农地使用效率，但也可能造成严重的农业面源污染和农业生态环境的恶化。2013年8月笔者在芜湖市繁昌县孙村镇调研时，一位农药经销商向笔者表示：农地流转后，一些规模经营主体为追求短期效益最大化，不惜滥用化肥、农药，造成了严重的农业面源污染，致使池塘内鱼虾几近灭绝。这类大量滥用化肥、农药的做法，不仅带来了土壤毒化、农产品品质的下降和严重的食品安全问题，也对农业的可持续发展造成了重大威胁（倪国华、郑风田，2012）。

应该强调的是，破坏土地质量的行为在现行制度框架下是不允许的。根据《基本农田保护条例》关于"县级以上地方各级人民政府应当将基本农田保护工作纳入国民经济和社会发展计划，作为政府领导任期目标责任制的一项内容，并由上级人民政府监督实施"的规定，各级政府应当建立以基本农田保护和耕地总量动态平衡为主要内容的耕地保护目标责任制，每年进行考核。《土地管理法》第三十四条也规定了"国家实行基本农田保护制度"，基本农田保护制度中包涵了基本农田质量保护制度。鉴于耕地质量保护的重要性，习近平总书记明确提出"耕地红线不仅是数量上的，也是质量上的"。李克强总理也强调"要坚持数量与质量并重，严格划定永久基本农田，严格实行特殊保护，扎紧耕地保护的'篱笆'，筑牢国家粮食安全的基础"。2015年中央一号文件提出"实施耕地质量保护与提升行动"。《中共中央国务院关于加快推进生态文明建设的意见》要求"强化农田生态保护,实施耕地质量保护与提升行动,加大退化、污染、损毁农田改良和修复力度,加强耕地质量调查监测与评价"。

农业部于2015年10月28日颁布的《耕地质量保护与提升行动方案》提出"到2020年,全国耕地质量状况得到阶段性改善,耕地土壤酸化、盐渍化、养分失衡、耕层变浅、重金属污染、白色污染等问题得到有效遏制,土壤生物群系逐步恢复。到2030年,全国耕地质量状况实现总体改善,对粮食生产和农业可持续发展的支撑能力明显提高"。农业部成立耕地质量保护与提升行动推进落实指导组,以保障各项措施落实,并且规定要结合实施《粮食安全省长责任制考核办法》,严格落实耕地质量建设与管理责任,守住耕地质量红线。但从现实情况来看,相关政策实施效果仍有待进一步改进。

六、本章小结

本章分别从转出方、转入方以及干部视角考察了政府主导型农地大规模流转的绩效问题,研究结果表明:

对于转出方而言,成功的农地流转项目,尤其是政府主导型农地大规模流转不仅可以带来租金收入,也可以带来一些就业机会,有助于实现转出方收入的多元化,从而规避从事单一类型经济活动所带来的相关风险,有利于其树立较为长远的目标,实现生活状态的稳定。就现实而言,流转后大多数农民的经济状况有所改善,但也有一部分农民的经济状况没有改善,小部分农民的经济状况甚至有所恶化。流转后经济状况是否改善与个人特征、家庭特征、农地流转状况、签约方式以及地域因素有关。

对转入方而言,政府主导型农地大规模流转项目如果经营得当,也可以产生巨大回报,并主要体现为增地效应、农业资源配置效应、增产增收效应、政府扶助效应、社会资本效应等。就经营绩效而言,有的取得了不错的绩效,但也有的绩效欠佳,不尽如人意。其所面临的困难和问题不解决,效益就无从谈起。在实施政府主导型农地大规模流转后,"非粮化"问题已成为不容忽视的问题。

政府在一定程度上替代市场,干预土地流转有助于改善农村微观资源配置效率,也在一定程度上有助于地方官员行政升迁。就政府主导型农地大规模流转项目而言,政府是农地大规模流转项目的利益分享者,可以获得较高的收益回报,并且有助于地方主要领导的行政升迁。但政府主导型农地大规模流转项目具有示范效应,不具有持续效应与推广效应。此外,政府主导型农地大规模流转项目也有可能造成对农地资源的掠夺式使用。

第六章 政府主导型农地大规模流转的风险探析

农地流转可以带来流转收益,但也面临着风险,考虑到转入方经营能力,政府主导型农地大规模流转项目风险不容低估。与市场自发流转不同的是,市场自发型流转风险由流转双方根据流转合同分别承担,双方如不能就风险分担事宜协商达成一致,则需通过民事诉讼加以解决。而政府主导型农地大规模流转由于涉及主体较多,且风险分布相对较为集中,其所需要面对和化解的风险也较市场自发型农地流转大得多(常伟、李梦,2015),且难以通过市场机制予以分散和化解。

一、风险的含义及分类

奈特于1921年指出,若经济主体面临的随机性可用具体数值概率表示,则这种情况涉及一定风险(张维,2005)。也有人认为风险是人们所遭遇到的可能给自己带来潜在利益损害的因素(田先红、陈玲,2013)。在本书中,政府主导型农地大规模流转风险是指政府主导下的大规模农地流转后,未来变化的不确定性可能使农地流转双方(即转出方和转让方)乃至政府的收益低于期望收益,甚至遭受损失。根据流转涉及的主体,可将风险区分为转出方风险、转入方风险以及对政府的风险。

二、转出方面临的风险

无论何种农地流转项目,均需要与转出方打交道。就现实情况而言,转出方可以是农民,也可以是国有农场,但本书中所涉及的转出方均是农民。与社会其他群体相比,农民因文化程度相对较低、信息闭塞,在市场经济中多处于不利地位。如果再考虑到他们缺乏金融知识和风险管理能力,其所面临的风险就更高了,甚至足以影响到他们的生活水平。就政府主导型农地大规模流转项目而言,转出方所面临的风险主要包括农地流转租金风险、转入方违约风险、收入下降风险、工资拖欠风险、社会保障风险以及失去农地的风险。

(一)农地流转租金风险

农地流转的租金风险主要体现在如下两个方面:一是农地流转的租金签约风险,二是农地流转的租金兑付风险。

1. 租金签约风险

租金签约风险主要由三个方面所致。其一,转出方因自身讨价还价能力有限以及对于农地流转市场定价机制缺乏了解,在农地流转谈判过程中往往处于被动或不利地位,他们很难发现并找到转入方愿意接受的最高保留价格。其二,在政府主导型农地大规模流转项目实施过程中,政府广泛深度介入农地流转,并在较大范围内通过动员式教育或说服式教育的方式,试图劝说转入方接受一个统一的价格,但这一价格往往在很大程度上忽略了农地的质量差别,使那些拥有优质土地的转出方在流转过程中只能接受与劣等土地相同的流转租金,这必然导致作为转出方的部分农民的经济利益遭受一定损失。其三,即便考虑土地质量差异,但由于土地质量信息并非公共资源,根据 Akerlof(1970)提出的信息不对称理论,转出方拥有转入方所无法了解的土地质量等信息,在这种情况下,转入方只愿意接受平均质量下的流转租金,这种因信息不对称导致的逆向选择,必然导致市场失灵。

2. 租金兑付风险

租金兑付风险是指在土地流转中,由于转入方租金支付方式不同而带来的风险。就租金支付方式而言,从形式上可分为实物型租金和货币型租金,从支付的时间视角来看,大体可分为年初支付、年中支付、年底支付以及若干期限分期支付等方式。不同的支付形式和支付时间,对于转出方而言意味着他们要承担不同的风险。

就支付形式而言,实物型租金一般以若干数量的粮食市场价格的折算作为转入方向转出方支付的农地流转租金的基础,再结合转出农地的数量计算应支付的具体租金数额。很显然,转出方的经济损益在一定程度上与粮食价格波动有关,如果粮食价格下跌,转出方则要蒙受一定的经济损失,而当粮食价格上涨时,转出方也有可能因此获益。而货币型租金一般采用按照约定的具体租金标准,根据流转农地的数量支付相应的货币租金。对于转出方和转入方而言,应支付的货币型租金的数额是十分明确的,与物价波动无关。很显然,在近年来货币严重超发、物价不断上涨的大背景下,农民更愿意选择实物型租金来规避物价上涨给其带来的相关经济压力。无论实物型租金,还是货币型租金,通常采取直接付现金或银行卡转账的形式。

就租金支付的时间选择而言,一般来说,选择年初支付的话,农民所承担的风险最小,年中支付其次,年底支付的风险较大,可能会发生转入方经营一年后拒付租金的情况。若干期限分期支付的方式则依据期限的长短不同,风险也各不相同,如果将期限定为一个季度或者半年,则所面临的风险要比年中支付或年底支付要小一些,如果期限选择超过一年甚至是几年的话,则租金兑付的风险要相对大得多。根据笔者针对982位转出方农民的调查结果可知,就支付方式而言,每年一付,年初结清的农民为199人;每年一付,年底结清的农民为377人;每半年付一次的农民为273人;每年一付,年中结清的农民为120人;其他方式的为13人,所占比例分别为20.27%、38.39%、27.80%、12.22%、1.32%。就农地流转租金兑付而言,根据笔者针对963位转出方农民的调查结果可知,表示转入方按时兑付的为741人,表示转入方基本按时兑付的为107人,表示转入方拖欠租金的为57人,另有58人表示由于是第一年,尚未支付租金,所占比例分别为76.95%、11.11%、5.92%、6.02%。这表明就政府主导型农地大规模流转而言,绝大多数转出方农民按时或基本按时拿到了流转租金,但仍有一小部分农民没有按时拿到流转租金。一些农民针对租金兑付风险采取了相应的办法,与押租制相类似的制度安排也就应运而生。如笔者2014年夏天在宿州市埇桥区灰古镇调研时发现,当地土地流转支付方式为转入方于第一年初支付第一年的租金,从第二年开始,转入方需要在收割前支付次年租金,若未付清租金,当地农民可阻止转入方进行收割。

如果考虑到租金的时间价值,即便是同等水平的农地流转租金,由于支付时间不同也会导致实际租金出现一定差别,即期末支付额应大于期初支付额,其价格计算应该如下:

$$F_1 = F_0 \times (1+r) \tag{6.1}$$

其中,F_1为期末租金支付额,F_0为期初租金支付额,r为当年银行一年期固定存款利率。从笔者调研情况来看,转出方很少将资金的时间价值考虑进去。从这种意义上来看,接受了期末支付的转入方利益将承受一定的利息损失,而若干年一付导致的租金利息损失就更大了。

(二) 转入方违约风险

政府主导型农地大规模流转项目能够发挥积极作用是以其顺利推进为前提的。但如果转入方遇到困难或问题,致使其无法履行与转出方的相关合同时,这些积极作用也就无从谈起,因此转入方违约风险同样是一个在农地流转中需要被认真对待的现实问题。所谓转入方违约风险,主要指转入方在流转过程中因无法履行其与转出方、政府部门的约定而带来的损失,这种损失可能与经营风险有关,也可能与市场风险或由于自然原因导致的不可抗力风险有关(常伟、梅莹、李晨婕,2014)。就转入方违约动机而言,可以区分为主动违约和被动违约,前者是指转入方具有履约能力,但经计算后发现履约对其已经无利可图,因而主动违约。后者则往往是转入方在经营亏损十分严重的情况下,无法或无力履约,被迫违约。无论何种违约,均有可能给转出方造成经济损失。由于政府主导型农地大规模流转项目大多是政府招商引资的结果,在转入方无法履约的情况下,政府只好出来善后,并在一定程度上对转出方的损失予以弥补但转入方仍需面对一些无法弥补的部分损失。如安徽省长丰县造甲乡宋岗某农地大规模流转项目的转入方因经营亏损"跑路"以后,政府不得已对农民的损失给予部分补偿,即便如此,农民仍遭受了一定的损失。

(三) 收入下降风险

农地流转有助于但不必然导致农民增收,但流转项目的失败有可能导致农民收入下降。收入下降风险是指农民因为农地流转而带来的总收入下降的可能或不确定性,致使部分农民在农地流转后所获收入比农地流转前收入低。笔者针对1010位转出农地的农民的调查结果显示,有112位农民表示农地流转后其经济收入有所下降,所占比例为11.09%。针对农地流转绩效的研究表明,家庭收入来自农业、认为群众不支持、认为增收效果不明显、感觉租金有些低、与亲友签约、感觉期限太长的农民,其收入水平更有可能出现下降。但如果能解决好转入方租金拖欠问题,则农民收入下降的风险将会大大降低。

我们也注意到,农村有一批掌握较高农业生产技能的人们,他们在农地流转后产生的收入下降很大程度上是因为其技能在农地流转后并没有得到较好的利用和发挥。因此,在农地流转中,转入方应识别出这些人,并充分发挥出其专业作用,这不仅有助于流转双方效益的提高和收入的增加,也同样有利于现代化农业发展。

(四) 工资拖欠风险

在政府主导型农地大规模流转实施过程中,乡镇、村两委以及转出方在相关动员工作中时常宣传当农民将农地流转给转入方后,可以为转入方打工,不仅可获得租金收入,也可因获得打工机会而取得工资性收入(常伟,2015)。现实中,确实有不少农民将农地流转给转入方后,选择为转入方打工并获得工资。在笔者的田野调查中,转入方支付工资大多选择按时或按日计酬制,如振锋药业在宿州市埇桥区蒿沟乡高滩村流转农地选择按时计酬制,农民每天为转入方打工,工资为每小时5元,每天工作8小时,也有的转入方选择按日结算。但无论是按时计酬还是按日计酬,一般均要在一定时期后结算打工工资。这种打工工资的支付方式使得农民直接面临打工工资被拖欠的风险,相对而言,每日支付对农民而言面临的风险较低,其他定期支付方式,特别是每年支付一次对农民来说风险更高。

就现实而言,考虑到转入方经营资金周转等因素,到结算日时,为转入方打工的农民未必都能够准时拿到打工工资,晚几天拿到工资也是常有的事情,拖欠农民工资的事情也时常发生。笔者在农地大规模流转项目区面向1010位转出农民所做的田野调查结果表明,有7.52%的村民表示企业拖欠其工资。2013年2月,笔者在宿州市埇桥区蒿沟乡高滩村开展补充田野调查时,就遇到了为转入方打工的农民的索要打工工资而与转入方发生激烈争吵的情况。

(五) 社会保障风险

在政府主导型农地大规模流转中,尽管大部分农民在农地流转后收入水平可能会得到提高,但对于少数农民而言,其生活水平很可能出现下降甚至连基本生活保障都无法实现的问题。根据田野调查,其原因大致有二:其一,一些老年农民即便失去农业生产能力,但仍可在自己的承包地上种植一些蔬菜,以供日常之需。但在农地流转后,尤其是将农地全部流转出去后,日常蔬菜只能通过市场购买获取。笔者在农地大规模流转项目区面向1010位转出农民所做的田野调查结果表明,有76人表示农地流转以后"粮食蔬菜均需从市场购买",相当于总体样本的7.52%。其二,由于农地流转种植结构的转换,一些农村老人失去了在田野中拾荒的机会。在调研过程中,时任长丰县造甲乡党委书记戚明余同志表示,在政府主导型农地大规模流转之前,村里的"五保"老人,在夏收、秋收时,通过拾荒可以收获几百千克粮食,这些粮食足以满足老人们三四个月的粮食需求,而流转后这种拾荒机会不复存在。

(六) 失地风险

根据我国相关法律规定,农村土地归集体所有,农民依法享有农地承包经营权。但就政府主导型农地大规模流转项目而言,农民的确面临着一定程度上的失地风险。就表现形式而言,失地风险可以分为产权形式的失地风险以及用途性质的失地风险。

就产权形式的失地风险而言,某些形式的农地流转,如农地入股经营或抵押经营,使农民面临彻底失去农地的风险。在农地流转不断发展的过程中,部分农民选择以农地作为资本参股转入方以经营获取股权收益。如果转入方经营良好,则皆大欢喜。反之,如果转入方一旦破产,农民手中的股份可能也将失效,这在一定程度上相当于失去农地,而这种损失显然是不可逆转的。

用途性质的失地风险,一般是指流转后的某些耕作种植方式对于农地构成严重破坏,即使合同到期后农民收回农地,也无法进行正常耕种。在某种程度上,这对于农民而言,尽管合同到期后收回了农地,但就用途而言已经失去了农地。谷小勇和张德元(2013)指出,一些企业流转农地种植绿化苗木,但在合同中却有意忽视国家不允许破坏农田耕作层的相关规定,在相关流转协议中,不添加合同结束时应恢复农地肥力的条款,从而对农地生产力造成严重破坏。过量使用农药化肥、对农地的掠夺性和破坏型经营,也属于此类。

三、转入方面临的风险

与转出方相比,转入方大多经济实力雄厚,且拥有一定的社会资源,由于在农地流转过程中得到了政府在招商引资、财政补贴等多方面的支持,因此转入方得以奠定一定的经营基础。尽管不乏农地大规模流转后被经营很好的典型,但也有一些转入方流转土地后出现经济效益低下,甚至严重亏损。亏损的出现在很大程度上与风险有关,这些风险既与农业的特征有关,也与管理、市场、社会等因素有关,因此可以将这些风险区分为自然风险、市场风险、经营风险和社会风险。

(一) 自然风险

自然风险是指因自然灾害等不可抗力致使农业生产遭受损失或不利影响的风险。一方面,自然条件的优劣状况直接关系到农产品产量和质量,并且进而影响农业经营效益。另一方面,一些农产品的生产具有很强的地域性,对自然环境条件的要求极严格,特定地域的自然环境变化会直接影响到农产品生产者的经济效益。尽管大量投资农业基础设施、农业生产技术改进以及农业保险制度不断得到完善,气候变化和自然灾害对农业的影响和冲击已大为削弱。但只要农业仍依靠动植物生长进行,就始终不能忽视自然风险。

就政府主导型农地大规模流转项目而言,它并没有改变农业生产依靠动植物生长来获取农产品的本质性特征,但却改变了农业自然风险的配置方式(常伟、李梦,2015)。流转前由于呈分散化种植的形式,每个农户经营面积较小、规模有限,即使是全局性的自然灾害发生,分散到每个农户的话,其损失总是有限的(尽管在受灾农户看来,其后果很严重)。但在政府主导型农地大规模流转项目下,自然风险就相对集中了。在流转土地后,转入方大多采取大规模种植水稻、小麦、蔬菜或者其他农作物的办法。这种经营方式虽然面积大,并且可能具有一定程度的规模经营效益。但由于经营结构单一,抗灾能力相对较差,一旦发生自然灾害就容易致使产量出现较大幅度下降,考虑到转入方经营面积巨大,其损失势必十分惊人,甚至足以导致其破产。从这种意义上来看,这种项目不仅仅带来了规模经济,也带来了规模化的风险。如合肥市长丰县造甲乡宋岗某项目,2009年因自然灾害致使15 000亩冬瓜无法及时收获。2015年安徽省小麦赤霉病爆发,加之收割期遭遇阴雨天气,导致小麦减产和品质下降,无法达到国家保护价收购小麦的标准,即便售价比国家保护价低也依然没人购买。滁州市、阜阳市、六安市、宿州市等地均出现了农民"卖粮难"现象。这些均给转入方带来了重大经济损失,也在一定程度上给群众利益以及当地干群关系带来了消极影响。

案例7:2011年9月,某公司以每亩年均支付500千克小麦折价款的租金价格,在宿州市埇桥区朱仙镇朱庙村和塔桥村流转5 400亩农地种植玉米,因2012年秋季受灾严重,加之缺乏晾晒仓储设施,大量玉米受潮霉变,亏损数百万元。

案例8:某种植大户在定远县池河镇刘铺村流转耕地7 350亩,由于土地整理后地表土没有还原,土壤肥力下降,保水性较差,加之小麦赤霉病爆发,管理不到位等。2012年夏收后,该种植户在支付了一半租金后无力支付流转租金,致使流转失败。

流转后对于转入方而言,可通过农业政策性保险将自然风险交给保险公司来处理。但问题是,当前农业政策性保险依然存在着保险范围狭窄、保险额度较小等问题。就当前来说,指望通过政策性保险来防范和克服农地大规模流转所面临的自然风险问题,仍然是不现实的。

(二) 市场风险

对于转入方而言,市场风险是指因市场价格波动,导致转入方预期收益面临不确定性(常伟、梅莹、李晨婕,2014)。政府主导型农地大规模流转项目实施后,农地流转集中经营后,相关农产品的供给者在一定程度上将不再是分散而且繁多的农户,而是数量有限的大户、合作社或者企业(常伟、李梦,2015)。就现实而言,规模经营并没有很好地平抑农产品市场价格的非理性波动,反而有可能加剧农产品价格波动,从而给农地大规模流转项目的转入方带来更大的市场风险(常伟、李梦,2015)。

由于受自然、人为等多种因素的影响,农产品市场经常出现剧烈波动。当市场价格高于转入方生产成本时,转入方就会获得收益。当农产品的市场价格低于转入方的生产成本,转入方就会蒙受损失。近几年,我国农产品价格屡屡出现异常波动,相关农产品价格的暴涨暴跌使得相关经营者既有赚得腰缠万贯的时候,也有亏损至血本无归的时候(常伟,2011)。2010年上半年因价格暴涨,大蒜、生姜被戏称为"蒜你狠""姜你军",这种持续的异常价格波动给了转入方盈利的契机,许多转入方因此大赚一笔。但如果在下个周期,转入方受畸高价格影响作出决策,使市场供给远远超过了市场需求,这将会使得价格在下一个周期出现大跳水,导致极其惨烈局面的出现,这种价格暴跌又会给相关经营者带来严重损失。

尽管政府主导型农地大规模流转项目提高了农业的组织化程度,流转后转入方与市场的联系更加紧密,信息更为通畅。但其市场风险并没有被完全消除(常伟、李梦,2015)。转入方流转农地的目的是为获得农业经营收益。为此,转入方需要通过市场将其生产的农产品顺利销售出去。但除了小麦、玉米、水稻等少数大宗农产品外,其他大多数农产品价格波动均十分剧烈(常伟、李梦,2015)。如果遇到了好行情,收益自然不在话下。但如果行情不好,转入方有可能会因此蒙受巨额损失。以近年来的大蒜为例,价格最高时将近每千克20元,最低时则接近0.2元。在这样剧烈波动的价格的影响下,如果对行情判断有误,其损失势必是极其惊人的。如果大规模经营主体从事蔬菜生产,由于其上市量大、集中,短期价格波动十分剧烈,在缺少必要仓储设施的条件下,一旦不能及时出售,将可能导致蔬菜大批量烂掉。一旦转入方遭受到难以承受的巨额损失,则其违约将不可避免。

劳动市场上的用工成本过高也是转入方需要认真对待的一个现实问题。农民为自己劳动时无需考虑自己的劳动价格问题,但在政府主导型农地大规模流转项目实施过程中,为转入方打工的农民则需要考虑打工工资的高低,这对于转入方而言就形成了劳动用工成本。由于农业生产具有季节性特点,农忙时用工成本很高。以合肥市肥西县为例,夏季雇人插秧,在管吃住的情况下,每天仍要支付200元的工资。即便在属于经济欠发达地区的宿州市,农忙时每天用工成本为青壮年劳动力100元以上,劳动能力较差的妇女和老人也要每天60~70元。

(三) 经营风险

与自然风险、市场风险等外在风险相比,经营风险主要指转入方由于战略选择不当、资金压力较大、管理不善等原因致使自身遭受损失和不利影响的风险。与小规模农户种植相比,在政府主导型农地大规模流转项目下,转入方面临的经营风险相对要高得多。

1. 战略不当导致的经营风险

在政府主导型农地大规模流转项目中,种植结构一般可分为粮食作物和经济作物。笔者的调研结果显示，在农地流转前，项目区农户种植模式主要以粮食生产为主，而在流转后有很大一部分以种植经济作物为主。生产粮食作物收益较为稳定，但经济效益相对要差一些。经济作物固然效益好，但价格波动剧烈，风险也要大得多。因此究竟是种植粮食作物，还是种植经济作物，在一定程度上取决于转入方对自身经营能力和风险控制能力的了解和估计。

我们也注意到，大多数转入方在流转以后选择种植经济作物，这一方面是转入方为追求更高利润所作出的主动选择，另一方面也是在租金快速攀升下所作出的一种迫不得已的选择。在流转租金较高的情况下，种粮食亏本的概率很大，种经济作物风险虽大，但有可能取得高收益（常伟、李梦，2015）。在政府出于调整农业产业结构的目的，给予转入方一定补助的条件下，转入方种植经济作物的动机就更强烈了。但经济作物对转入方经营能力要求较高，当转入方力所不及时，因战略选择不当而产生的风险就会随之而来，并给转入方带来经济损失。

2. 资金压力导致的经营风险

与农民的小规模种植不同，政府主导型农地大规模农地流转项目区内的转入方的农业生产经营活动对资金的需求量较大，不仅维持日常运营需要花钱，相关人员工资、农业技术装备投资也需要花钱。但由于金融机构往往"嫌贫爱富"，因此转入方的资金需求难以得到及时满足。为能够顺利种植农地，转入方时常需要向亲友寻求资金帮助，东拼西凑，甚至不得不靠民间借贷支付流转租金、购买相关设备。但这些举措所能获得的资金数量有限，且成本较高，只可用于解决短期资金流转问题，不能用在长期资金投入上。若监管能力不足或监管不到位，金融风险便会随之而来（常伟，2016），一旦资金链断裂，转入方将会遇到较大困难，甚至会陷入无法维系的困境。

3. 管理不善导致的经营风险

就农业生产而言，在家庭经营条件下，经营结果的好坏主要取决于家庭决策是否正确，由于家庭成员的利益具有一致性，因此一般无需考虑监督和激励的问题。农地规模经营对转入方的管理能力提出了更高要求。就研究中所接触到的转入主体而言，有一部分已经建立了相对成熟的治理结构，内部分工科学明确，决策效率很高。但也有部分转入主体依靠家族式管理，让自己的家庭成员或者有血缘关系的亲友帮助管理，因此在管理效能上存在较大差别。在政府主导型农地大规模流转项目实施过程中，不同管理模式所带来的管理效果截然不同，存在着很大差别

（常伟、李梦，2015）。

案例9：硕士农民张李桃2011年在六安市金安区木厂镇流转1万亩标准化农田，并聘请了农科院技术专家、老农和大学生组成管理团队。在每个作业片区，张李桃都聘请了当地老干部或威望较高的老农民担任主要管理员，协调与村民之间的关系。从而有效提高了农地使用效率、土地产出率，实现了转出方与转入方的双赢。

其次，就田间管理来说，在农民家庭经营条件下，因为农地承包经营权和产出均归自己，不存在激励、约束和监督问题。但在政府主导型农地大规模流转项目运营过程中，由于经营规模超出了家庭界限，生产监督困难，管理成本较高。尽管Sen（1966）指出，假定在农业劳动者的努力可以得到充分计量的情况下，合作农场中工人的劳动积极性会高于个体农场。但就现实而言，当经营规模超过1 000亩以上时，对于转入方而言，激励和监督都会成为严重问题。转入方如果雇用农民从事田间劳动，但由于被雇用的农民不再为自己劳动，他们就会在一定程度上失去劳动的动力和积极性，并出现偷懒、"磨洋工"、出工不出力等现象。蚌埠市怀远县某种植大户于2014年8月就曾向笔者表示，当流转规模超过900亩时，自己直接管理的劳动强度过大，需要聘请专人监督，但对于那些为其打工的农民而言，监督人在与不在现场时的干活效果完全不一样。笔者2012年7月在宿州市埇桥区蒿沟乡高滩村开展田野调查的现场就注意到，监工在现场时，为转入方打工的农民均作出积极干活的样子，而在监督人离开后，一些农民故意拖拉，以降低田间劳动强度，个别农民甚至用向前面农民扔土块等方式来提醒进度快的农民放慢劳动节奏。

转入方很难对于雇来的打工者实现有效监督（王德福、桂华，2011）。在调研过程中，一些转入方向笔者表示他们在和不在现场时，打工者的工作态度存在很大的差异，并为此感到十分苦恼（常伟、李梦，2015）。这表明，农地大规模经营模式下的田间管理问题是一个让转入方深感头痛的问题。林毅夫在《集体化与中国1959—1961年的农业危机》中表明，集体劳动的效率十分低下（Lin，1990）。监督问题在政府主导型农地大规模流转项目中同样存在。

问题还不止这些，在这种模式下，监督人与转入方目标不一致。根据机制设计理论，转入方追求流转后经济效益最大化，而监督人则追求自身收入最大化，二者存在着利益上的不一致性，这可能会导致监督人未必会尽心尽责监督。由于监督人和那些为转入方打工的农民均为邻里关系，彼此之间关系密切，再加上中国人大多有"以和为贵"的思想，即使监督人发现有人偷懒，也可能采取视而不见或小惩大诫的做法，如此一来偷懒问题就很难得到有效解决。

再次，很多青壮年农民在农地流转以后会选择进城打工，留在农村的多半是老人、妇女和儿童（常伟、李梦，2015）。对于转入方而言，即便其愿意花钱雇用农民为其干活，为其打工的大多也是留守妇女和留守老人（常伟、李梦，2015）。他们中很多人对于现代农业科技知识所知不多，不会正确使用现代化农机具，不懂农药的科学配比，加之自身身体素质相对较差，这些无不会对于转入方的经营效果产生影响。如果再考虑到极端情况，农村留守老人大多体弱多病，如果他们在为企业打工过程中因疾病发作在田间去世，那么对于企业而言也是一件极难处理的事情。

最后，政府主导型农地大规模流转实施过程中的农民"反行为"不容忽视。斯科特（2011）指出，处于弱势地位的农民往往会采取偷懒、装糊涂、开小差、假装顺从、出工不出力等方式对外界强加于他们身上的一些做法进行抵抗。高王凌（2006）指出在集体化体制下一部分农民为了生存会瞒产私分和甚至偷盗。考虑到部分农民对于这类项目存在一定抵触情绪，他们也有可能采取相应措施应对转入方，并给转入方带来经济损失。如某外地企业于2012年在宿州市埇桥区朱仙庄镇流转农地种玉米，并雇用农民施肥，但转入方发放的肥料却被个别农民偷偷倒掉，甚至私分。在玉米成熟收割时，又遇到了附近农民偷盗的问题，有些不种玉米的农民甚至也在市场上卖了几千斤玉米。宿州市埇桥区蒿沟乡高滩村，转入方大面积种植板蓝根，为其打工的部分农民在收获时只挖出部分板蓝根交给转入方，留下另外一部分等自己找机会挖出后在市场上出售，并以此获取额外收益。针对村民偷盗问题，目前尚未发现合适的解决办法。转入方可以选择通过司法途径处理，但往往缺乏证据，且耗时耗力，效果并不好。转入方也可以选择找中间人来私下解决问题，但这种做法成本同样不低。而且不仅农民会采取这些行为，那些被转入方聘请担任监督人的乡村干部有时也会监守自盗，从而给转入方造成损失。尽管采取看护措施有助于降低损失，但在经营面积较大的情况下，其效果注定是非常有限的。

（四）社会风险

在政府主导型农地大规模流转项目中，由于转入方经营面积大，涉及农户较多，对于转入方而言，还面临着一定的社会风险（常伟、李梦，2015）。如果自身经营效益欠佳，租金给付不及时，转出方与转入方的矛盾可能会趋于尖锐化，并给社会稳定带来较大压力（常伟、李梦，2015）。如果流转双方在相关纠纷中互不相让，发生可能引发更加剧烈的冲突，在这种冲突中，无论是转入方，还是转出方，都不可能是真正的赢家。

案例10：某公司在六安市裕安区江家店镇新沟村流转 4 500 亩土地，并约定 2011 年租金每亩为 480 元，2012 年租金每亩为 520 元。由于资金给付不及时，群众没有及时领到土地租金。2011 年 11 月，该村部分村民用抢公司所种水稻的方式表达不满，造成了"农民愤怒、企业叫屈、政府头痛"的局面。

四、政府面临的风险

政府是农村公共产品的主要供给者，也是农村相关制度的执行者，在农地流转过程中则是不可或缺的第三方，由于其在政府主导型农地大规模流转过程中也发挥一定的作用，因而也需要承担一定的风险（常伟、梅莹、李晨婕，2014）。这些风险大致可以分为财政风险、公信力风险、社会稳定风险以及粮食安全风险。

（一）财政风险

运用政府财政资源支持农业与农村发展是世界各国发展农业的通用做法（李嘉晓、秦宏、罗剑朝，2005）。就当前而言，中国农业过去通过农业税和剪刀差等方式支持工业发展几十年，并为工业化作出了重大贡献，政府通过财政补贴来支持农业发展不仅必要而且可行，对促进农民增收和地方经济的发展十分重要。

在政府主导的大规模农地流转中，政府无论是以何种方式主导农地大规模流转，一般均会对根据实际对转入方给予流转土地价格补贴、减免税收、粮食种植补贴、农业保险补贴、贷款贴息、土地复耕保障金补助、项目合作、提供优惠政策等支持，大力开展农地招商，吸引城市资本和工商企业到农村进行规模化经营（吴萍、蒲勇健、郭心毅，2010）。如根据怀远县政府颁布的怀政办〔2012〕29 号文件第 4 条来看，如果流转面积达 500 亩以上不足 2 000 亩或达到 2 000 亩以上不足 10 000 亩，可以获得县政府一次性奖补每亩 100 元、200 元；如果流转面积为 10 000～50 000 亩时或 50 000 亩以上时，在享受一次性奖补每亩 200 元基础上，县政府分别按照每亩 100 元、200 元标准给予 3 年奖补。按照《2014 年合肥市促进现代农业发展政策实施细则》，对流转土地在 1 000 亩以上，租金每亩每年 500 元以上，且流转期满 3 年的转入方，给予一次性奖励，当集中连片规模经营分别达到 1 000 亩、2 000 亩、3 000 亩以上时，分别给予每亩 100 元、150 元和 200 元的奖励。但如果当转入方因自然灾害或经营不善等原因无法正常支付流转农地的转让费和农民工资,甚至因亏损过多"跑路"时,政府相关财政投入就很难填补巨大的资金缺口(常伟、李梦,2015)。

另一方面,转入方因自然灾害或经营不善等原因造成一定程度亏损时,政府为使转入方可以继续经营下去,往往会给予转入方一定程度的资金补助或资金支持。在这种资金支持下,转入方的亏损可以得到一定程度地弥补,大大降低了经济损失。这样就形成了转入方与政府之间事实上的软预算约束关系,这种软约束与科尔奈意义上的软预算约束从本质上讲并没有什么不同(科尔奈,1986;Kornai、Maskin & Roland,2003)。然而由于这种软预算约束关系的存在,转入方在经营策略选择上会倾向选择那些可能带来较高收益,但风险也相对很高的策略,从而会进一步加剧政府所面临的财政风险。但对于政府而言,转入方的成功除了会证明政府的支持取得了一定效果,并没有多少实质性的收益,转入方的失败反而有可能会给政府带来极大的财政压力。在近年来农地大规模流转过程中,安徽省滁州市、合肥市长丰县以及山东省枣庄市等地均出现了转入方遭遇巨额亏损后,负责人"跑路"事件,在这类事件发生后,政府为弥补农民的相关损失,或部分,或全部为转入方兜底,最终也给财政带来了不小的损失(常伟、李梦,2015)。

(二) 公信力风险

在政府主导型大规模农地流转项目中,地方政府为动员农民将农地流转出去,一般会通过村两委或乡镇干部动员农民(常伟、李梦,2015)。就其具体做法而言,大多数干部引导项目区内的农民算清经济账,认识到将农地流转出去有助于自己经济处境的改善和自身收入的增加。但这种农地流转项目的实施效果如何,仍需接受市场的检验。如果经营效益好,则各方皆大欢喜(常伟、李梦,2015)。但如果转入方经营亏损,无法兑现相关承诺,转出方的经济状况也会受到一定程度影响(常伟、李梦,2015)。尤其是当转出方生活水平下降时,几乎等于向农民表明政府主导型农地大规模流转这一行为降低了农民生活水平(常伟、李梦,2015),由此会导致农民对政府的公信力产生质疑。对于转入方而言,如果转入方在大规模流转农地后,却没有享受到政府之前承诺的政策条件,或者承包后经济效益未达到预期水平,也会对政府的公信力产生质疑(常伟、李梦,2015)。这些均在一定程度上表明,政府主导型大规模农地流转对于政府而言的确存在着导致政府公信力下降的风险(常伟、梅莹、李晨婕,2014)。

（三）社会稳定风险

在政府主导型农地大规模流转项目实施过程中，因涉及转出方、转入方和政府等多方利益协调的问题，转出方与转入方、转出方与政府、转入方与政府均面临产生矛盾或者冲突的风险。在这些矛盾或冲突中，政府有时是冲突的当事方，有时即便不是当事方，在现行考核体制下，相关矛盾冲突化解工作往往也会落到政府或政府部门身上。诸如此类的事情，有可能导致转出方、转入方和地方政府均不满意的结果，并给社会稳定带来不良影响。

（四）粮食安全风险

如前所述，在第一书记和村支书们看来，政府主导型农地大规模流转项目在实施前，项目区内种植模式绝大部分以种植粮食作物为主，而在实施后则基本上以种植经济作物为主。由于农地资源稀缺，经济作物生产与粮食生产存在着相互替代的关系，尽管种植经济作物有风险，但其经济效益远高于粮食作物（孙月蓉、代晨，2015）。流转前农民自己种植时，会种植一些粮食作物以满足自己的生活需求，在满足自己的生活需求的前提下才会考虑种植经济作物以增加其收入。农地流转后，转入方出于利润最大化的诉求，往往会选择种植经济作物（常伟、李梦，2015）。笔者在田野调查中注意到，在安徽省宿州市若选择种植小麦或玉米，正常年景下每年每亩农地可收获小麦或玉米各500千克，而种植经济作物后收益大大提高（常伟、李梦，2015）。据砀山县果农介绍，只要水果价格高于每千克0.4元，种水果就比种粮食划算。

与其同时，高租金迫使转入方需要获得更多收益才能维持生存，所以即使种植经济作物风险较大，其为了尽快收回租金成本，也会选择种植经济作物。农地流转租金过高致使粮食生产受到抑制，导致农地流转后出现经营"非粮化"现象（常伟、李梦，2015）。2013年安徽省部分农村地区农地流转租金已高达每亩每年500千克小麦，生产粮食所面临经济风险较大（常伟、李梦，2015）。宿州市灰古镇付湖村某种植大户向笔者表示，即便不计算自家劳动投入，净收益也就是一亩200多块钱，有时甚至要亏钱。如此高的农地租金抬高了生产粮食的成本，迫使转入方改为种植经济作物，以获取更高的经济回报。由此可见，政府主导型农地大规模流转项目所带来的农业生产"非粮化"现象已经成为一个不容忽视的现实问题。从微观上看,农户的这种被动选择是理性的,无可指责。但宏观上来看,农地大规模流转后的种植结构"非粮化"将有可能对国家粮食安全构成潜在威胁。

五、本章小结

本章分别从转出方、转入方以及干部视角考察政府主导型农地大规模流转的风险问题,研究结果表明:转出方所面临的风险主要包括农地流转租金风险、转入方违约风险、收入下降风险、工资拖欠风险、社会保障风险以及失去农地的风险;转入方所面临的风险主要包括自然风险、管理风险、市场风险和社会风险;政府面临和承担的风险主要是财政风险、公信力风险、社会稳定风险以及粮食安全风险。

第七章 政府主导型农地大规模流转的实施条件

政府主导型农地大规模流转项目的成功实施不仅可以大大提高农业生产技术水平,增加农民收入,也可给政府带来政绩。但如果操作不当,这类项目不仅会给转出方和转入方带来经济损失,也会带来一系列严重的经济与社会问题,并迫使政府为此付出沉重的代价。无论是转入方,还是转出方,乃至政府均希望政府主导型农地大规模流转项目能够带来多方共赢的结果。但就现实而言,失败的案例不胜枚举(常伟、梅莹、李晨婕,2014)。本章将就政府主导型农地流转问题的相关实施条件展开重点讨论。

一、对于社会经济等外部条件的要求

(一)经济发展水平高低适中

在本书相关研究开展过程中,笔者注意到,无论是社会经济发展水平过低,还是社会经济发展水平较高,均会给政府主导型农地大规模流转项目的推进带来不利影响。就经济发展水平过低而言,又可以分为两种情况。

一是经济结构以农业为主、在人口流动不充分、非农就业渠道相对缺乏的情况下,人们的生产生活和农业息息相关,广大农村干部群众对农地流转的重要性和必要性认识不充分,在这种情况下强行推动农地大规模流转,将会引起干部及群众主观上的抵触,致使相关工作难以开展。即便是开展自上而下的行政动员和说服式教育等思想政治动员,完成了农地流转工作,流转后的农民就业问题也将是一个难以解决的现实的问题。这些情况均表明农地大规模流转条件尚不成熟,如果在这种情况下强行推动政府主导型农地大规模流转项目,其走向失败是可以预见的事情。

二是由于地方社会经济发展水平较落后,但农村青壮年农民大规模外出,到沿海发达地区或者大城市去打工,获得了大量非农收入。农村常住居民以老人、妇女和儿童为主。在这种情况下,农地大规模流转条件基本成熟,开展农地大规模流转可以大大改善农地资源的配置效率,提高农业产出水平。但在经济发展落后的地方,政府财政状况一般也比较拮据。政府即使想通过财政奖励的方式推进农地大规模流转项目,往往也力不从心。

笔者的相关研究同时也表明,政府主导型农地大规模流转项目对于社会经济发展水平较高的地区同样也不太适合。对此可以从两个层面来理解。其一,从流转主体来看,发达地区由于市场机制较完善,人们市场经济意识较强,在这种情况下,人们可以通过谈判的方式,运用市场机制较好地解决农地规模流转问题,这样一来政府主导型农地大规模流转项目就显得没有必要了。其二,从财政补贴角度来看,尽管社会经济发展水平较高、工商业发达的地区,政府财政能力较强,可以拿出更多的资金来支持政府主导型农地大规模流转项目,但在实际操作中,土地整理、基础设施配套、土地流转补贴乃至其他后续成本也会同样升高。据《中国新闻周刊》2013 年第 8 期报道,上海松江家庭农场经营户均每年可达 10 万~20 万元收入,农场主之所以收入较高,主要靠的就是巨额补贴。2011 年松江区市区两级财政给予家庭农场的补助达到每亩 390 元,加上其他各项政策倾斜,财政补贴占家庭农场净收入的 3/5。但对于其他更为广泛的地区而言,政府很难拿出更多的财政资金,对于农业给予如此高的补贴。在没有高额补贴的情况下,若单靠政府的力量强行推动政府主导型农地大规模流转项目,其社会经济后果可想而知。

因此,对于那些正处于工业化和城镇化转型过程、经济发展程度适中的地区,由于本地存在一些非农就业机会,部分农民离开农业后不必再继续依靠农业取得经济收入,加之政府具有一定财力,可以为土地整理和规模流转提供必要支持。如果再具备一定的群众基础,那么就有可能通过政府主导型农地大规模流转项目的实施,快速改变农业生产面貌。

(二) 乡村干部威信高能力强

村干部一般居住在熟人或半熟人的农村社会(贺雪峰,2000),其工作内容五花八门(宁泽逵,2006),不同时期的工作重心也不同(徐勇,2001;王征兵,2004),其角色具有双重性,一方面他们来源于农村居民,并具有农民身份,其待遇应由村民代表大会决定(彭代彦、张卫东,2003)。但另一方面,在现实中其待遇由地方政府决定,并在一定程度上承担地方政府安排或布置的相关工作。申静和陈静(2001)指出,在城市化的不断推进过程中,村干部失去了对某些资源和机会的控制权以及让农民服从的权威性,村民自治逐渐演变成村干部自治,村干部逐步由传统社区精英转变为经济精英。王思斌(2005)通过实地调查研究了村干部之间的竞争与冲突问题,并指出村干部行为有为公的成分,但这种为公并不完全排斥个人利益获得。村干部某些狂热的"大干快上"行为主要是在政治利益的驱使下出现的,政府官员为追求政绩而采取的"树典型"措施,会使某些有成就欲的村干部跃跃欲试,政府表彰则会推动其继续走下去。如果政府官员是非理性和不负责任的,那么持续"树典型"就会给这些村庄的经济社会发展带来明显的负面效果。

政府主导型农地大规模流转项目对于乡村干部的威信和能力均提出了较高的要求,由于这种流转项目涉及的农户规模较多,如果转入方来自当地,则情况较容易处理,如果转入方来自外地的话,考虑到转入方与转出方彼此缺乏必要的沟通,以及由沟通不足所带来的不信任,这在一定程度上就要求乡村干部进行主动介入,并发挥出桥梁纽带作用,以此来消除市场失灵和信息不对称现象。地方党政部门一般将这一要求形象地概括为"班子比较过硬,有战斗力"。笔者在调研中注意到,项目区内的干部大多具有较高的威望和较强的能力,如宿州市埇桥区桃园镇光明村党总支书记徐心华同志曾获得"省优秀党员""全国粮食生产大户"等称号,埇桥区夹沟镇夏刘寨村党总支书记王化东同志曾获"全国劳模""全国十大种粮标兵"等称号,并且当选为十七大代表。很显然,如果乡村干部威信不高或者组织协调能力不强的话,这种作用就很难发挥出来。因此,在项目先期考察启动过程中,乡村干部的威望和能力也会成为相关方面考虑的一个重要因素。

(三) 干群关系良好,信任程度较高

农村党群、干群关系是农村社会和谐的关键因素(张秀珍,2007),不仅对于社会和谐和稳定发展十分重要(邵沁妍,2011),甚至直接决定了执政党的执政地位和生死存亡(曹殊,2011)。就干群关系问题,尤其是农村干群关系问题,政治学、社会学以及党史党建有关领域的学者已经开展了大量研究,相关研究结果表明,农村税费改革后农村干群关系有所改善(王宾、赵阳,2006;刘明兴、徐志刚、刘永东,

2008)。另有研究表明,干群关系对于农民"新农保"参保决策具有影响力(李越、崔红志,2014)。根据流转双方之间的社会关系,可以将农地流转策略分为情感型、经济型和权力型流转策略,三者所需动用的资源有着很大区别(聂建亮、钟涨宝,2013)。

政府主导型农地大规模流转项目对于项目区内干群关系同样提出了较高要求。姜晓萍和衡霞(2011)注意到,农地流转既促进了农业现代化和城镇化,也导致了农地物权虚化、农民权益受损等问题的出现。因此,农民群众对政府主导型农地大规模流转项目持有不同看法是完全正常的。在群众持有不同看法的情况下,要确保政府主导型农地大规模流转项目的有序推进和开展,就需要乡村干部通过动员式的劝导和说服做通大量群众的工作。很显然,如果干群关系较好,则群众工作要好做得多,反之,即使付出了九牛二虎之力,也未必能够起到较好的效果。因此在项目启动之初,干群关系状况也是流转各方需要认真加以考虑的重要现实问题。

农地流转过程中,政府的某些特定行为也会直接伤害到干群关系。如安徽省定远县本地企业某集团于2012年8月在该县池河镇流转农地7 350亩,经过两年运营后仍不能实现盈利,2014年夏收时亩均亏损200元。2014年9月转入方给镇政府打报告要求修改合同,将租金由每亩540元降低到每亩530元。镇政府答应了这一要求,并安排村两委做好群众说服工作。截至2015年7月笔者调研时,当地群众仍对于政府和村两委的做法十分不满。

(四) 社会治安良好

社会治安对于政府主导型农地大规模流转项目实施十分重要,这主要因为:

其一,只有社会治安良好,转出方、转入方以及政府等相关各方才有可能形成稳定的预期,判断自己在政府主导型农地大规模流转项目中的相关收益以及自己可能蒙受的损失,进而促进其态度的稳定。反之,若社会治安混乱不堪,则政府主导型农地大规模流转项目就根本不具备实施的可能性与可行性,如果勉强为之,最终失败也是必然的。因此可以这么说,社会治安良好未必使得政府主导型农地大规模流转项目走向成功,但社会治安混乱必定会导致政府主导型农地大规模流转项目走向失败。

其二,良好的社会治安是政府主导型农地大规模流转项目得以顺利进行的重要前提,如一亩地可产玉米500千克,当地村民偷盗50千克,可能就直接导致这亩地所产生的全部净利润丢失。由于政府主导型农地大规模流转项目涉及农户众多、点多面广、关系复杂等情况。如果相关矛盾处理不当,有可能导致转入方与转出方之间的关系恶化。如果项目区内的部分农民以盗窃等方式来表达自己的不满,转入方为保护自己经营成果,雇佣相关人员作为安保人员采取看护行为,如此往复将会产生"偷盗"和"防盗"的博弈。无论是偷窃者被打伤,还是保安被打伤,均有可能从本来应由地方性治理问题演化为转入方与当地农民的冲突。这无论对双方,还是对社会均带来极为消极甚至是极其严重的社会及经济后果,这对于转入方的长期发展也将十分不利。

案例 11: 据《南风窗》2014 年第 25 期报道:2014 年 10 月 15～17 日,河北省无极县某种植专业合作社在该县 5 个乡镇流转的约 1.8 万亩耕地上耕种的红薯和青贮玉米遭到数万群众哄抢。该合作社理事长认为合作社大规模种红薯后,一些群众的偷盗尝鲜行为引发了较大规模偷盗行为。而工作人员将一些参与偷盗的群众扭送派出所的相关做法,引起部分农户对合作社的不满,并因此站到合作社对立面。

二、对于转出方的要求

(一) 转出方具有一定的农地流转意愿

农地流转得以开展的前提和必要条件是转出方具有农地流转意愿,愿意将自己耕种的农地流转出去。但笔者在开展研究时也注意到,部分农民的农地流转意愿与其自身状况有关。有的因为自己年龄过大,或者体弱多病,很难或无法从事农业劳动,将自己的农地流转出去,不仅解决了劳动负担问题,还可以获得较为稳定的农地流转租金收入。这种情况下形成的农地流转意愿可以被称为被动流转意愿。有的则是出于获得更多非农收入的目的,将自己承包经营的农地主动流转出去,以便于集中精力关注非农经济活动,以获取更多收入(倪羌莉,2007)。与前者相对应,这里可以将其称为主动流转意愿。无论是被动流转意愿,还是主动流转意愿,转出方愿意流转农地,是政府主导型农地大规模流转项目,也是所有农地流转项目得以顺利开展的必要前提。

农村改革初期,农民由于通过家庭承包责任制获得了农业经营自主权。对全国范围来说,尽管部分地区的个别农民存在农地流转意愿,但从总体上来说,农民的农地流转意愿并不强。但由于农村人口老龄化程度不断加深,一些年龄较大的农民逐渐表现出强烈农地流转愿望,愿意将自己承包经营的农地流转出去。与此同时,在巨大的城乡收入差距面前,农村大量青壮年人口已不愿继续待在农村从事农业劳动,而宁愿去沿海地区或大城市从事工商业活动,因而也愿意流转自己承包经营的农地。从这两个方面来看,近年来农民的农地流转意愿总体上有所增强。

(二) 转出方持支持或不反对农地流转的态度

根据田野调查相关问卷的结果显示,转出方对于政府主导型农地大规模流转项目的态度可分为非常支持、无所谓和不大赞成,对于这类项目的实施而言,这三种态度有着不同的含义。

就非常支持的态度而言,在项目区内外均有很多农民群众对政府主导型农地大规模流转项目持这一态度(常伟、李梦,2015)。项目区内持这一态度的农民群众所占比例为64.58%,而项目区外群众持这一态度的比例为42.13%,其中项目区外种田农民持这一态度的比例为47.97%,项目区外进城务工人员持这一态度的比例为34.05%,分别较项目区内低22.45、16.61和30.53个百分点。如果群众对于政府主导型农地大规模流转项目持非常支持的态度,那么他们就会在相关项目推进过程中予以主动支持和配合,这将有助于降低项目的操作和实施成本。

在项目区内外均有部分群众对政府主导型农地大规模流转项目持无所谓的态度。就持无所谓的态度的人们所占比例而言,项目区内群众持这种态度的比例为21.83%,而项目区外的群众持无所谓的态度的比例为42.65%,其中项目区外种田农民持无所谓的态度的比例为37.05%,项目区外进城务工人员持无所谓的态度的比例为50.38%,分别较项目区内群众高20.82、15.52和28.55个百分点。与持非常支持的态度的农民群众相比,持无所谓的态度的农民群众尽管不反对政府主导型农地大规模流转项目,但如果项目在实施过程中触及到他们利益,就需要做好相关劝导说服工作。当然,这种劝导说服工作本身也是需要支付一定的成本的。

与非常支持和无所谓两种态度相比,持不大赞成的态度本身就意味着人们对这类项目的不认可。项目区内群众持不大赞成的态度的所占比例为13.59%,项目区外的群众持不大赞成的态度的所占比例为15.22%,其中项目区外的农民持不大赞成的态度的所占比例为14.98%,项目区外的进城务工人员持不大赞成的态度的所占比例为 15.57%,分别较项目区内群众高 1.63、1.39 和 1.98 个百分点。尽管持这类态度的群众所占比例不高,但要做通这些群众的工作,使其不至于影响到项目开展并非易事。与持前两种态度的人们相比,政府主导型农地大规模流转项目的实施在一定程度上已经触及到了他们的利益,甚至导致他们的利益受损。除非能通过相关方式对于这部分群众受损的利益予以适当补偿,否则要通过相关劝导说服工作让这部分群众支持或者不反对这类项目的实施将是一件十分困难的事情,往往即使给予了较多补偿,仍难以促使这部分群众改变态度。同样,在政府主导型农地大规模流转项目实施过程中,怎样与这类群众打交道也是乡村干部、乡镇干部或者转入方不得不面对的现实问题。

村支书和县乡干部的回答也进一步支持了这一结果。笔者针对 182 位村支书的问卷结果表明,有 22 人认为项目区内"群众基础好"对于政府主导型农地大规模流转项目的成功必不可少,针对 91 位县乡干部的研究表明,有 33 人认为项目区内"群众基础好"对于政府主导型农地大规模流转项目的成功必不可少。村支书和县乡干部所理解和认可的"群众基础",已经在很大程度上涵盖了群众对于政府主导型农地大规模流转项目的认知态度。本研究针对 91 位县乡干部曾设计了这样一个问题"如果农村干部觉得它(这里主要是指政府主导型农地大规模流转项目)不好,主要是因为",并分别设置了经营风险太大、不适合本地情况、群众不支持、增收效果不明显、群众工作不好做 5 个选项,其中认为经营风险太大的有 19 人,认为不适合本地情况的有 9 人,认为群众不支持的有 38 人,认为增收效果不明显的有 41 人,认为群众工作不好做的有 69 人。这进一步表明农民群众的认同和支持对于政府主导型农地大规模流转项目的成功推进来说是非常重要的。

三、对于转入方的要求

政府主导型农地大规模流转,在一定程度上可以被看作是资本下乡的具体实现形式。笔者在调研中多次注意到,一些转入方由于不具备某些方面的能力,在政府主导型农地大规模流转项目实施过程中,先是高调介入,继而面临困难重重,最后黯然退出,不仅自己蒙受了巨额经济损失,也给当地农村社会及经济发展带来了不少困难,留下了一个烂摊子。政府主导型农地大规模流转项目对于转入方同样具有严格的要求,这些要求主要体现在经营意愿、农业经营能力、管理能力以及经济实力方面,因此有必要就政府主导型农地大规模流转项目对于转入方的相关要求展开进一步分析。

(一) 具有农业经营意愿

在农业现代化蓬勃发展的今天,有些对农地流转表现出浓厚兴趣的转入方并非真正对农业经营感兴趣,他们更在乎的是农业现代化的大背景下,随着国家对农业重视程度的不断提高以及惠农政策的不断出台,农地作为商品价值的增值空间。在这种背景下,近年来一些不具有农业生产经营能力,也没有农业经营意愿的农地流转中介,一边从农民手里以相对较低的价格流转来农地,一边通过市场化运作,再将低价流转过来的农地高价流转给那些对农业经营感兴趣的新型主体,并从中获取农地流转租金差价。这种炒作行为不但在一定程度上损害了农民的发展权,也造成了农业生产成本的急剧上升,从而给国家粮食安全带来一定的威胁。很显然,那些没有农业经营意愿的转入方介入政府主导型农地大规模流转项目,其走向失败是必然的结果。

除此之外,一些经营主体流转农地则是为了套取政府项目资金。在笔者的调研中,据凤阳县小岗村支书吴夕明向笔者介绍,某些企业在该村转入农地后多年不务农,却不断申报政府项目资金。无论是想谋取农地流转租金差价的流转中介,还是那些试图套取政府农业项目资金的转入主体,其初衷均不是获取农业经营收益,一旦其实现了相关目的,退出农地流转项目是迟早的事情。很显然,如果政府主导型农地大规模流转相关项目的转入方不具有农业经营意愿的话,该项目的失败只是早晚的事情。

(二) 具有较强的农业经营能力

惠农政策的不断出台大大激发了工商资本投资农业的热情(涂圣伟,2014)。从所有制结构来看,有的民营企业、大型国有企业,有的甚至有外资背景。从原来从事的产业来看,有的与农业有关,从事化肥、农产品加工,从事农业可以被理解为通过相关多元化拓展自身发展空间;也有的从事房地产、建筑、医药、金融、高科技等行业,进入农业显然属于不相关多元化。就目的而言,有的基于国家对农业的大力扶持,认为农业赚钱容易;有的基于农业情结,大多有热情却没有科学规划,自信心过度膨胀,却对于可能遇到的风险和困难估计不足,致使最后以失败收场;有的甚至因为无法兑付流转租金和农民打工工资而引发群体性事件。

安徽省小岗村近年来大力推进农地流转工作，试图通过农业招商引资和农地流转，实现农业现代化。截至2015年8月，该村农地流转率达42%，已流转出去的农地绝大部分交由农业产业化企业经营，入驻企业包括GLG、从玉菜业、金小岗等。但企业流转后抛荒和半抛荒状况较为严重。广东某企业在该村流转农地1300亩，并承诺从事蔬菜种植，但村民反映多年没见种出一棵菜。该村流转农地不同程度存在抛荒或半抛荒状况本身就说明，并非所有的农地流转转入方都具备农业经营能力。

当然，如果农业生产服务业非常发达，转入方将流转过来的农地托管给那些具有较强农业管理能力的市场主体加以管理，也未尝不可（赵佳、姜长云，2013）。对于任何农业经营主体而言，如果没有农业经营能力，仅凭热情加入政府主导型农地大规模流转项目，尽管一时轰轰烈烈，但从长期来看则要付出很高的代价。要么经过较长时间的亏损，通过边实践边学习的方式获得农业生产经营能力，要么因无力承受较长时间的巨额亏损而被迫退出。

相对而言，那些在农业生产经营方面做得较好的转入方，或者曾长期从事农资经营活动，或长期从事农产品加工，由于熟悉农业，因而具有较强的经营能力，在政府主导型农地大规模项目中，此类项目更容易取得成功，并且更可能带来各方共赢的局面。在审慎评估相关风险的前提下，转入方可根据自身经营能力，选择适当规模开展经营活动。近年来一些颇具经济实力的企业大举进军农业，搞农地流转，结果却不尽如人意，有的甚至败走麦城，主要是因为缺乏农业经营能力（常伟、梅莹、李晨婕，2014）。

（三）具有较强的经济实力

那些动辄上千亩，乃至上万亩的政府主导型农地大规模流转项目，对于转入方的经济实力提出了较高要求。面积较大时，仅农地流转租金一项就需投入大量资金。除此之外，农业机械、仓储设备、种子、农药、化肥等仍需大量投入。这些资金一旦投放，想回收变现十分困难。尤其是农用机械、仓储设施等相关投入，具有很强的资产专用性特征，一旦进行用途转换，损失将十分巨大。

因此，转入方如果没有一定的经济实力作后盾，即使得到政府的强力支持，要确保农地大规模流转项目的顺利实施，也是非常困难的。事实上，即便是具有较强经济实力的转入方，比如企业、合作社或种植大户等，在经营过程中均会在不同程度上感受到资金压力(常伟、梅莹、李晨婕,2014)。这反过来也说明,较强的经济实力有助于农地大规模流转项目的顺利实施。

(四) 具有较高的管理水平

当农业生产经营仅限于家庭经营层面时,经营者的经济效益更多地取决于个人掌握的技术、努力程度、对市场机遇的把握以及天气状况等因素,管理与经济效益尽管相关,但总体上影响不大。经营者只要合理地配置资本以及家庭劳动力,在微观决策不出现重大失误的情况下,其收益预期良好。而政府主导型农地大规模流转项目的实施和日常运营,则对于转入方的管理能力提出了较高要求。

首先,应具有较高的人力资源管理水平。笔者的实地调研结果表明,只要经营面积超越了家庭所能经营的最大规模,不得不雇工从事农业劳动时,转入方在与不在现场时,劳动效果截然不同,单位面积产量大致相差 20% 左右。如果劳动用工制度设置不当,势必会出现偷懒、出工不出力、"磨洋工"等现象。因此,转入方往往让自己的亲友担任田间管理人员,或者聘请当地现任或离任的乡村干部担任田间管理人员,监督被雇用的农民从事田间劳动,防止劳动者偷懒、盗窃或者私自截留肥料等农业生产资料。但在作为熟人社会的乡村,监工与农民之间的串谋在所难免。因此劳动用工管理制度设定是否科学、是否得到认真执行,直接关系到转入方流转后的相关作物产量。

其次,应具有较高的财务管理能力。相对于农户家庭经营而言,政府主导型农地大规模流转项目对于转入方的财务管理能力提出了更高、更严格的要求。在农业家庭经营层面上,财务问题尽管也很重要,但相关决策主要是在家庭层面做出,其影响范围有限,无需过多考虑财务和资金调度问题。但就政府主导型农地大规模流转项目而言,一方面,由于其资金需求量存在着显著的周期性和季节性变化,实现财务资源的合理配置和有效调度,对于降低融资成本,提高转入方的经营效益十分重要。另一方面,由于这类项目资金需求量巨大,影响面较广,且需要和业务流程规范、管理严格的银行、保险公司等金融机构打交道,因此这也对转入方的财务管理能力提出了较高要求。

再次,应具有较高的风险管理能力。农业经营面临自然风险和市场风险。首先,就自然风险而言,尽管近年来我国农业保险制度取得了一定进展,但保障标准仍有待进一步提高。就农地大规模流转而言,无论是种植粮食作物,还是种植蔬菜、中药材等经济作物,由于经营区域相对集中,一旦受灾,损失必定是个不小的数字。就市场风险而言,在市场经济条件下,任何一项经营活动都需要承担相应风险和损失。农业自然也不例外,粮食生产风险相对较小,收益稳定,但考虑到劳动力成本、租金等相关投入,想盈利并不容易。经济作物由于市场价格波动频繁,且较为剧烈,在经营规模较大的情况下,既有可能收益巨大,也有可能蒙受巨额损失。很显然,如果缺乏较强的风险管理能力,转入方即便可以得到政府的相关扶持,也很难在实际运营过程中获得预期收益。

最后,应具有较强的社会协调能力。如果农业经营规模局限于小农户经营阶段,那么社会关系的协调能力对于农户经营的影响基本上无足轻重。反之,对于政府主导型农地大规模经营的转入方而言,转入方需要处理好其与作为转入方的农户之间的关系,处理好与银行、保险公司等金融机构的关系,更需要处理好其与政府的关系。无论转入方是本地的,还是来自外地的,规章制度的实施、矛盾纠纷的调解化解、社会经济资源的获取,均需要与各方面打交道。如果不具备较强的社会协调能力,将会面临一些不必要的麻烦和难题。在调研中,一些经营主体曾向笔者抱怨政府不支持他们,但根据笔者从各方,尤其是从政府部门了解到的情况来看,很多矛盾是由于和政府沟通不畅所致,这说明了社会协调能力对于政府主导型农地大规模流转项目的重要性。

对于转入方而言,其与转出方的关系在一定程度上也会影响到农地大规模流转的绩效。如果二者关系比较良好,充满信任,可以在一定程度上降低相关制度执行和实施的成本。反之,如果二者彼此不信任,甚至关系比较紧张的话,转入方不得不拿出额外的时间、精力和资源来处理与转出方的关系,这样一来经营成本上涨了,经营效果也势必会受到影响。当转入方关系与转出方关系恶化到一定程度时,将会给转入方带来重大损失。这也表明,转入方与转出方良好的关系对于政府主导型农地大规模流转项目的实施非常重要。

四、对于政府的要求

(一) 具有较强的公信力

公信力从字面意思上看,就是使公众信任的力量,它主要来自组织长期运行过程中所积累的社会认可与信任程度,并体现了该组织存在的权威性、社会信誉度以及在公众心目中的影响力。政府公信力主要体现为政府凭自身信用所获得的信赖和认可程度。它是政府合法履行其职能的前提和必要条件,同样也是政府主导型农地大规模流转项目得以顺利实施的必要前提和基础。

在政府主导型农地大规模流转项目实施过程中,政府制定和实施的相关规则是流转各方形成稳定预期的前提和基础,如果公信力不强,甚至朝令夕改,流转双方就很难形成相对稳定的预期,相关政策和规则执行起来的效果也会不尽如人意。笔者针对包括91位县乡干部、104位第一书记和182位村支书在内的377位干部的调查结果如表7.1所示,该结果说明政府应该制定相关政策,保障农地有序流转。在大多数干部看来,这种做法在现实中也可以起到很好的效果。

表 7.1　干部对于政府制定政策保障土地有序流转的认知

	县乡干部	第一书记	村支书	全体干部
总人数	91	104	182	377
认为较好人数	80	85	82	247
所占比例(%)	87.91	71.73	45.05	65.52

政府作为流转双方相关矛盾的调节者,如果缺乏应有的公信力,在相关矛盾的调节过程中,转入方就有可能觉得政府立场不公正,偏袒转出方,而转出方却觉得政府偏袒转入方,使政府处境尴尬,"猪八戒照镜子——里外不是人"。在跨越行政村范围,甚至跨越乡镇范围的政府主导型农地大规模流转项目实施过程中,政府由于直接参与农地流转微观经济活动,如果没有较强的公信力的话,不仅在实际过程中无法推进相关工作,反而有可能激化干群矛盾,恶化群众与政府的关系,诱发农村群体性事件(姜晓萍、衡霞,2011),致使项目走向失败,甚至形成社会不稳定因素,带来更严重的后果。因此,在农地流转工作中,那些政府公信力不高、政府与群众关系不佳的地区不宜推进政府主导型农地大规模流转项目。

(二) 具有较强的财力

在农地流转,尤其是政府主导型农地大规模流转过程中,政府通过财政补贴鼓励规模经营已成为常用做法(常伟、梅莹、李晨婕,2014)。笔者针对包括91位县乡干部、104位第一书记和182位村支书在内的377位干部所做的调查结果如表7.2所示,在一部分干部看来,政府补贴规模经营有助于推动农地流转工作。

表 7.2　干部对于政府财政补贴规模经营效果的认知行为

	县乡干部	第一书记	村支书	全体干部
总人数	91	104	182	377
认为较好人数	66	64	59	169
所占比例(%)	72.53	61.64	32.42	44.83

通过财政补贴规模经营的做法虽然常见,但在实施过程中也要面对补贴对象、补贴标准以及补贴期限等问题,并且受制于政府财政能力。如果政府财政状况良好,可以拿出较多的资源补贴农业规模化经营,则会在一定程度上有利于政府主导型农地流转项目的顺利推进。如果政府财力有限,则很难对于农地大规模流转项目给予有力的财政支持,则会影响转入方经营的积极性。不仅如此,当转入方经营遭遇巨额亏损,无力支付流转租金或相关人员工资,并对社会经济稳定构成巨大压力时。在稳定压倒一切的政治逻辑驱使下,政府尽管不太情愿,也会在不得已的情况下花钱买"平安"。很显然,如果没有钱,也很难买来"平安",而这些同样也是建立在政府财政能力基础上的。

(三) 具有较强的行政能力

其一,政府的适当干预可以在一定程度上解决市场不完善带来的相关困难和问题。对于政府主导型农地大规模流转项目的实施而言,政府不仅需要提供农村公共产品,还需要主动介入微观经济活动,以走访市场、宣传推介等形式帮助企业开展营销活动,以招商引资和财政补贴的形式影响农地转出方和转入方的成本收益配置(常伟、梅莹、李晨婕,2014)。极端情况下,政府还可通过行政动员等手段主动介入农地转出方和转入方之间的谈判,甚至通过主要领导定点联系帮助转入方解决相关问题,克服相关困难。这些行为的确存在着人为干预市场运作的嫌疑,并且在一定程度上影响了效率与公平。应该指出的是,在农村,尤其是在经济欠发达地区的农村,由于市场机制不健全(邹再进,2006),政府可以在一定程度上改善资源配置效率。在现行考核体制下,农业发展与农民增收同样是党委政府自身考核的重要内容,因此发展现代农业、促进农民增收也就成了政府的一项重要职责。

其二,政府的必要介入有助于消除信息不对称现象。笔者不止一次注意到,一些地方政府领导与转入方之间由于沟通交流不畅而彼此间存在误解。转入方认为政府领导不支持其发展,政府领导则觉得转入方刚愎自用,难以听进去逆耳忠言。

但事实上,当经营规模达到几千亩,甚至上万亩之后,政府即便出于社会稳定考虑,也会关注转入方经营问题。如果政府与转入方不能建立良好的沟通渠道,并就相关问题及时沟通,则势必影响流转后的实施效果。转出方与政府的关系直接关系到农村社会稳定,转出方与转入方的关系则关系到农地流转项目的实施效果(常伟、梅莹、李晨婕,2014),而良好的互动机制有助于随时发现问题、解决问题。

其三,政府的适当介入有助于防范和化解相关风险。地方政府财力强大,组织能力强,加之熟悉本地社会经济状况,在防范化解风险方面具有比较优势。政府可以建立相关风险评估、风险监管和风险化解机制,将政府主导型农地大规模流转所带来的相关风险控制在一定范围内,并通过经济手段、法律手段和行政手段及时处置相关风险,从而可以在一定程度上防止或缓解因大规模流转经营失败所带来的震荡和冲击。

政府干预有无效果、效果如何,均与其行政能力有关。如果政府行政能力不强,在项目执行过程中也必然会麻烦不断,甚至出现多方均不满意的局面。

(四) 具有较强的监管能力

就现实而言,部分市场主体在政府主导型农地大规模流转过程中并没有能力或意愿从事农业经营活动,企图通过农地大规模流转来套取国家政策规定的各种农业扶持款项,其经营行为属于短期投机行为。在这种情况下,政府必须成为农地流转的管理者和监督者,对于转入方进行必要监管,对其经营情况进行不定时检验评价,防止转入方为骗取国家奖励基金和补贴基金而忽视农业生产和粮食生产,危害国家粮食安全,或因经营不善出现大额亏损。

因此,政府应强化监管能力建设。在招商引资时,仔细考察转入方经营资格、经营能力、经济实力、发展目标、发展规划等,尽可能将不具备农业经营能力的转入方排除在外。在实际经营过程中,政府则应加强对转入方的风险监管,对其经营情况进行检验评价,防止转入方为骗取国家奖励补贴基金而忽视农业生产,也要及时防止转入方因片面追求自身利益而损害农民利益。

(五) 具有较强的风险处置能力

在政府主导型农地大规模流转项目实施过程中,无论转入方因经营不下去而"跑路",还是转出方因难以拿到流转租金而哄抢转入方种植的农作物,均造成了恶劣的影响。政府主导型农地大规模流转项目风险事件一旦发生,不仅会给流转双方带来经济损失,也会给社会稳定造成强烈冲击。从主观愿望来看,地方政府都希望这类项目得以顺利实施,并且带来多方共赢的结果。但就现实而言,政府仍需对这类项目可能面临的失败做好相关准备,审慎评估可能导致失败的各项风险环节,并制定相关预案,这样可以在项目进展不顺的情况下,及时出台相关对策,如帮助转入方寻求融资渠道,或者寻找新的转入方,或及时做好群众安抚工作,以防止事态进一步恶化,尽可能为流转各方挽回损失。因此,政府主导型农地大规模流转项目的实施和推进,也要求政府具有较强的风险处置能力。

五、本章小结

本章就政府主导型农地大规模流转问题的相关实施条件展开重点讨论,并指出政府主导型农地大规模流转项目对于社会经济发展条件、转出方、转入方以及地方政府均提出了相应要求。具体而言,要求地方经济发展水平高低适中,项目区内乡村干部威信高能力强,干群关系良好,彼此信任程度较高,社会治安良好;转出方应具有一定的农地流转意愿,并且持支持或不反对农地流转的态度;转入方应具有农业经营意愿、较强的农业经营能力和经济实力、较高的管理水平;地方政府应具有较强的公信力、财力、较强的行政能力、监管能力和风险处置能力。

第八章 政府主导型农地大规模流转项目实施中的利益博弈

作为转出方、转入方与政府就农地问题上进行博弈的结果,政府主导型农地大规模流转模式可能但并不必然会实现多方共赢,也有可能导致各方共输(常伟、梅莹、李晨婕,2014)。因此,本章将进一步考察农民、政府和转入方三大利益主体在政府主导型农地大规模流转项目实施过程中的所开展的相关利益博弈,并探讨三者间的利益协调机制及其现实效果。鉴于农村干部的功能和作用,本书在相关讨论中也会涉及农村干部行为。

一、政府主导型农地大规模流转下的不同主体及其诉求

(一) 政府主导型农地大规模流转中的农民及其诉求

1. 农民的行为

就农民行为而言,恰亚诺夫(1996)指出小农生产目的主要是满足其家庭消费需要,而不是利润最大化。诺贝尔经济学奖得主舒尔茨(1987)则认为农民作为"经济人"的决策行为与资本主义企业决策行为没有什么差别。另有一些学者针对农民行为研究进行改进,如黄宗智(1986)指出小农既是利益追求者,是维持生计的生产者,也是受剥削的耕笔者。艾利斯(2006)则指出农民的理性是有限的。考虑到

生产规模小、抗风险能力较弱，一般认为中国农民是风险厌恶者。

2. 政府主导型农地大规模流转中的农民诉求

农民选择继续种田或是流转农地，显然是一个经济决策，一些影响农民种田行为的因素也同样会影响到农民的流转行为。张文秀等（2005）指出经济效益最大化并不是农户的唯一目标。纪明波、周云峰与陈印军（2009）指出中小农户担心流转价格过低、土地细碎化、农业税收与补贴政策调整以及耕地流转中的一些不良做法制约和影响了农村耕地流转。陈超与任大廷（2009）的研究表明，农民农地流转决策不仅受经济利益最大化影响，而且由于农民还会受到不确定性环境下心理因素的影响，继续持有保有土地实行兼业化在相当长的一段时间内是农民最现实的选择。常伟（2013）基于安徽省肥西县、颍上县和青阳县的研究表明：在大量农民外出务工的背景下，种田仍是留守农民的主要生产方式，但留守农民的种田行为受到了其自身特征、家庭特征、家庭承包土地特征以及区域特征影响。换而言之，当农民无力耕种自己承包经营的土地时，将农地流转出去是其现实且必然的选择。

但从现实层面而言，作为转出方的农民对于农地流转，尤其是农地大规模流转的态度未必持赞成态度。他们对于农地大规模流转的态度大致可以分为如下三类：(1) 赞同态度。持赞同态度的农民大致可以分为两种情况，一种是常年在外打工的进城务工人员，农地大规模流转前他们将农地交给父母或亲友耕种，自己很少获得相关收益。在流转后不用耕种却可以获得农地流转租金。另一种是因体弱多病，或因为年龄较大，耕种十分困难甚至无力耕种的人，流转后他们不参加劳动即可获得流转租金改善生活。在政府主导型农地大规模流转得以顺利推进的项目区，这类农民要占大多数。(2) 不赞成但最终却选择流转的。一些农民尽管因家庭原因无法外出务工，但可以通过租种亲友邻居的土地获得经营收益，从而形成了一些种植大户。但在农地大规模流转过程中，在亲友邻居做出将农地流转给大规模经营者的决策后，由于自身经营规模变小导致经营效益和经济收入下降时，这部分农民也只能选择将自己承包经营的土地流转出去。这部分农民数量不多，但具有较强的农业生产经营能力，因此可能成为政府主导型大规模农地流转的利益受损者。不过如果处理得当，他们也可以在政府主导型农地大规模流转项目实施中发挥积极作用，甚至起到防范和化解风险的作用。(3) 拒绝流转的。这类农民很少，他们有的是以前的大户，有的则是对土地感情深厚，有的因为与乡村干部有矛盾，有的因为不看好转入方的经营前景，无论如何也不愿将农地全部流转出去，最终留下部分或全部承包土地。这样一来，他们就成了"钉子户"。遇到了这样的坚决不流转农民,转入方或者村委会一般通过调整土地位置来加以解决。而有的甚至就连调整土地也拒不接受,这样一来就形成了"插花地"。

综上所述,农民究竟是自己耕种土地,还是将承包经营的农地流转出去,既取决于其对于农地流转成本收益的判断,也与其文化程度、身体状况、劳动能力有关。很显然,那些具有一定农业劳动能力,并从农业经营中获得一定经营收入的人们,流转意愿并不强,而那些可以拥有非农就业渠道,可以获取非农收入的人们,以及那些年老体弱,失去农业劳动能力的人们,流转意愿相对较强。流转意愿的强弱也会在一定程度上对流转租金多少、流转期限长短等产生影响。

(二)政府主导型农地大规模流转中的转入方及其诉求

从政府主导型农地大规模流转的现实情况来看,转入方可以是种植大户,可以是农业专业合作社,也可以是企业(常伟、梅莹、李晨婕,2014)。就诉求而言,它们的目的主要是运用转入的农地从事农业或与农业相关的经营,以获取利润。反之,转入方如果不能通过流转农地获取利润,从长期来看也是不可持续的。

转入方的转入目的是获取利润,由于利润有短期利润和长期利润之分,转入方的诉求可以分为追求短期利润和追求长期利润。那些将转入目标设定为追求短期利润的转入方,会想方设法追求短期利润最大化,对于流转以后的长期后果,他们既不关心,也想不关心。与那些追求短期利润最大化的转入主体相比,追求长期利润的转入方,相对更关心流转项目实施的长期后果。当然,在政府主导型农地大规模流转项目实施之初,要准确判断哪些转入方追求短期利润、哪些转入方追求长期利润并不容易。但经过一段时期后,我们不难判断出哪些转入方追求短期利润,哪些转入方追求长期利润。

无论是短期利润,还是长期利润,均取决于转入方对于成本收益的判断。成本主要包括租金、经营成本和融资成本。首先,就租金而言,其高低影响到流转双方的利益分割,因此是转入方必须要考虑的成本。其次,就经营成本而言,如果农业生产型服务业较为发达,转入方可通过市场购买服务的方式解决农业田间作业问题,这时生产经营成本主要是指购买服务的费用。反之,转入方需要自己购买并使用联合收割机、拖拉机等那些具有较强的资产专用性特征,只能用于农业经营的大型农机设备(常伟、梅莹、李晨婕,2014)。再次,与工商业相比,农业利润率相对较低,转入方需要考虑资本使用的机会成本问题,如通过融资来解决资本来源问题,这样就必须考虑高额利息。因此,当地方政府给予财政补贴的情况下,转入方只需承担部分成本。对政府主导型农地大规模流转项目的转入方而言,怎样以较低的租金转入农地,并协调好与政府以及与转出方的关系,从政府那里获得尽可能多的财政补助,这直接关系到其经营利润。

(三) 政府主导型农地大规模流转中的政府及其诉求

1. 政府及其作用

我国的行政体系存在五级政府。对政府主导型农地大规模流转项目而言,各级政府的作用是不一样的。中央和省级政府主要以规则制定者的身份出现,制定相关制度并约束相关各方的流转行为。县政府和乡镇政府则主要负责执行中央和省级政府出台的相关政策,代表国家实施对于乡村的直接治理。国家涉农大政方针效果如何,惠农政策给农民带来多少实惠,这些主要取决于县政府和乡镇政府。

2. 农地流转中的政府诉求

一般认为政府参与农地流转的动机是提高农业生产效率、增加农民收入等(崔明明、常伟,2012)。从公共选择视角来看,政府这样做显然有着自身的考虑。一方面,作为制度这一公共产品的供给者以及农地流转的间接参与者,政府通过设定相关制度规则,为农地流转提供激励机制和约束机制,消除相关各方的机会主义行为,改善微观经济效率,有利于规避相关风险,也有利于政府相关农村工作的开展。另一方面,在市场发育不足、市场运行效率不高的情况下,政府作为相关补贴的提供者和农地流转的直接参与者,通过财政奖补和行政动员,替代市场发挥作用,也可以在一定程度上促进农业发展和农民增收。陈慧荣(2014)基于对山东省某县土地流转的研究表明:地方政府通过负责制、扶持措施和自由度三种机制影响村干部行为。县镇政府既让村干部负责,又出台扶持措施给予村干部充分自由,这样才能更好地培育村干部的企业家精神,让农民从土地流转中获益更多。在这一过程中,一些地方领导因能力突出、成绩卓著而受到上级领导的更多的关注或表彰,从而获得晋升机会,走向更重要的领导岗位。

政府之所以鼓励、推动甚至主导农地大规模流转,在一定程度上也与政府和政府官员的认知有关。在农地流转过程中,不仅仅是地方政府和地方干部,甚至某些中央高层干部也认为大规模流转比小规模流转更有利于农业发展,并出台了多项扶持政策,掀起了流转农地、经营农业的热潮。上至中央,下至乡镇政府,都会对从事农业规模生产经营的某些市场主体给予包括贴息、补助、担保和税收减免等在内的各种扶持政策。

二、政府与转出方之间的博弈分析

(一) 政府与转出方之间的博弈

从经济学一般意义上来看,政府是包括制度在内的公共产品的最主要提供者。一些针对中国地方政府的研究表明,地方政府和地方政府官员行为同样具有逐利性特点(Oi,1992),财政包干制度和 GDP 导向的考核体制,既给地方政府带来压力,也给予了地方政府和地方领导追求财政收益的激励。

在农地流转过程中,政府可以通过包括制定规章制度在内的多种方式介入农地流转,但中央和地方的做法有所不同。中央政府一般通过制定农地流转的基础性制度规则、为农村公共产品提供财政支持等方式来影响或干预农地流转。而地方政府则相对灵活得多,除了根据实际制定地方性规则、承担起地方公共产品出资责任外,还可以通过奖励补贴农地流转、招商引资、介入微观谈判、领导定点联系等方式来推动农地流转(常伟、梅莹、李晨婕,2014)。在政府主导型农地大规模流转项目实施过程中,与农民打交道最多的地方政府则是乡镇政府。乡镇政府之所以不厌其烦地去做群众说服工作,动员农民将农地流转出去,不能简单地归结为乡镇政府试图通过土地流转促进农民增加收入,更多的是因为他们面临来自县、市党委政府等更高级别领导的压力。换而言之,动员农民流转土地是上级交给他们的一项必须完成的工作任务。

在中国社会经济生活中,政府往往被看作社会公共利益的代表,因此政府与农民之间从根本利益上讲具有一致性。就实际而言,政府和农民既存在利益一致性,也存在一定的利益冲突。现实中,地方政府与农民的合作往往使得双方利益均得到一定程度维护,地方政府领导得到表彰或提拔,农民也得到了现实利益。而当地方政府和农民发生冲突时,则双方利益共损,并可能导致"双输"。如政府官员以行政力量干预人为压低农地流转租金,在农户不同意的情况下,将可能导致流转项目失败,农户、村集体与政府收益均为负(李菁、欧良锋,2014)。

政府鼓励和补贴改变的不仅是转入方预期,也改变了转出方预期。在不少政府官员、乡村干部、转入方以及项目区内的农民看来,当推进农地大规模流转项目成为政府通过行政压力予以推动的重要任务时,地方政府尤其是乡镇政府为加快农地流转工作进度,往往给予转出方补贴(常伟、梅莹、李晨婕,2014)。这一做法尽管推动了工作开展,但往往也会抬高当地土地流转的租金水平,并且制约了资源配置效率(常伟、梅莹、李晨婕,2014)。

案例 12: 2012 年,某公司到宿州市埇桥区朱仙庄镇从事农地大规模流转项目,为加快工作进度,镇政府对农地流转项目每亩地补贴 100 元,结果却使得埇桥区农地流转租金水平随之提高了 100 元。曾连续 5 次蝉联全国种粮大户、宿州市解集乡桥桂村的某农民于 2013 年 7 月向笔者表示,政府财政补贴抬高了流转租金水平,如果补贴取消了,租金水平将会逐渐回落到正常水平。

在地方政府,尤其是乡镇政府与农民的博弈中,乡镇政府因具有资源优势和信息优势,加之具有暴力潜能,因而处于有利地位。但当其采取了不合作策略并片面追求政绩损害农民利益时,农民就会采取在政府网站留言、拨打领导热线、网上发帖、联系新闻媒体乃至群体性上访等方式表达诉求,会给地方稳定带来较大压力,鉴于信访工作和维稳工作的极端重要性,各级政府均不可忽视农民诉求。因此,农民与政府通过非制度性参与渠道博弈,可以达成均衡。

(二) 政府与转出方博弈中的乡村干部

政府与农民的博弈主要通过乡村干部进行,乡村干部既包括得到公共权力和农民认可、公认为属于农村社会精英的村两委成员,也包括在乡镇工作、具有公务员或者事业工作人员身份的乡镇工作人员。就前者而言,他们具有农民身份,但文化素质较高,多数人具有非农经历,有的还具有企业工作或参军经历(肖唐镖,2006)。他们熟悉农民的诉求,与农民之间的关系理应属于熟人关系。但随着村庄合并和由此而来的村庄规模扩大,其与农民的关系并不像以前一样密切,但彼此间依然较为熟悉很清楚谁是村干部。与农民相比,村干部比较熟悉包括农地流转政策的各种政策,因此在群众说服动员工作方面发挥着无可替代的作用。不仅如此,他们由于具有农民身份,在农地流转过程中有时也以转出方的角色出现,因此他们也可以在一定程度上代表农民。另一方面,根据《中华人民共和国村民委员会组织法》第六条规定,尤其是村两委成员由于可以从政府那里获得一定经济补助。政府对于乡村干部的行为具有一定影响力。王征兵、宁泽逵和 Allan Rae(2009)基于陕西省长武县的研究认为,提高村干部名义补贴额并不能保证明显地提高村干部的工作积极性,在乡镇财政吃紧的背景下,工资发放主体应该至少上升到县级政府。

就乡镇干部而言,他们拥有国家公务员或事业单位工作人员身份,因负责农村工作,也较熟悉农民的诉求。农村税费改革前,乡镇干部与农民关系十分紧张。他们和乡镇政府一度曾被当作加重农民负担的罪魁祸首,有些学者甚至提出了废除乡镇政府的主张(邓大才,2001;徐勇,2003)。在政府主导型农地大规模流转过程中,乡镇干部一般通过村两委和乡村干部,而不是直接与农民打交道。但当乡村干部遇到了某些因对农地流转心存疑虑,难以说服的农民时,他们也不得不出面去做群众工作。对于那些难以被说服的农民来说,乡镇干部出面在一定程度上可以被看作是乡镇政府在为农民流转后所面临的风险或不确定性做担保,从而有可能改变其对于农地流转的态度,将土地流转出去。

三、转入方与转出方之间的博弈分析

(一) 转入方与转出方之间的博弈

作为转出方的农民之所以流转自己承包经营的土地,主要是为了获取农地流转租金,而转入方的主要目的是为了获得农地流转经营收益。流转双方既存在利益上的一致性,也存在利益上的不一致甚至是冲突。

流转双方在流转博弈过程中均具有各自的相对优势,转出方具有信息和地方性知识优势,而转入方则具有组织、资本等方面的优势。双方博弈的结果主要体现在农地流转期限、农地流转租金以及流转租金的支付时间与方式等相关内容。当转出方处于主动地位,并拥有较大发言权时,流转租金往往相对较高,在租金支付上多选择期初支付的方式。而当转入方处于主动地位,并拥有较大发言权时,流转租金往往较低,租金支付多选择期末支付。

就现实而言,政府主导型农地大规模流转的推进往往涉及面甚广,利益关系十分复杂,甚至伴随着矛盾和冲突。如果转入方来自本地,在经营过程中彼此相互熟悉,交易成本较低,尽管风险不小,但流转成功的可能性相对要高一些。反之,如果转入方来自外地,那么在流转过程中,双方在相互磨合和博弈过程中产生的交易成本也相对较高,流转成功的概率就相对低得多。

案例13:宿州市埇桥区某大规模流转项目在实施过程中,来自外地的转入方因没有处理好与周边群众关系,在转入土地种植的玉米即将收获时遇到了偷窃问题,个别没有种玉米的农民也在市场上出售了数千千克玉米。转入方不得已雇人看护,但由于雇请的看护人带领亲友偷窃,转入方因此蒙受了巨额经济损失。

在偷窃与看护的博弈过程中,有的地方出现了偷窃者被打伤现象,致使社会治安问题演变成转入方与流转地区农民之间的冲突,并对社会稳定构成威胁。有的看护者甚至监守自盗,带人进行偷窃。很显然,如果和项目区内的群众关系紧张,转入方想赢利是极其困难,甚至是不可能的。

问题还不仅仅如此,在转入方流转失败后,项目区内的农民鉴于上一个转入方经营失败的教训,往往会向下一个希望到项目区来从事流转项目的转入主体提出更加苛刻的条件。

案例14:山东省枣庄市峄城区金陵寺村某种植大户流转1 600多亩土地经营失败"跑路"后,拖欠了80万元农民打工工资、300万元土地融资债务,项目区内的金陵寺村1 000多亩土地使用权证也被扣押在银行。村民们尽管盼望有人来流转土地,却不敢再只收取一年租金,转而要求一次性给付多年租金。这无疑会给接手者带来很大的资金周转压力,并使得土地被再次流转的希望变得渺茫。

(二) 转入方与转出方博弈中的乡村干部

在转入方与转出方的博弈过程中,乡村干部的作用不可或缺。在某些政府主导型农地大规模流转项目中,某些项目区内的转入方,如宿州市桃园镇光明村的徐心华、宿州市夹沟镇夏刘寨村的王化东,他们本身就是能力很强的村干部,流转双方关系也因此在一定程度上演变成了农村干群关系。对于那些转入方不是本地乡村干部的项目而言,转入方在农地流转项目的实施过程中,无论是包括流转租金、流转期限等相关内容的形成,还是矛盾化解和纠纷的处理,均很难离开乡村干部的积极参与与配合。

考虑到乡村干部具有较高的文化素质和较强的组织能力,在群众心目中具有一定威信,在项目区所在地区具有较大影响力。在政府主导型农地大规模流转项目运营过程中,转入方经常将村干部聘为项目管理者(项目区内农民往往将其称为"监工"),并委托他们组织实施田间管理。这些村干部不仅会因将自己承包经营的土地流转出去而获得租金收入,还可以拿到一份作为管理者的工资。罗泽尔和李建光(1992)注意到,计划经济条件下,当正激励无效时,作为负激励的罚款措施就成了中国集体经济运转的重要手段。但就当前而言,根据笔者在多个项目区内的调查结果显示,作为管理者的村干部很难通过罚款来开展田间管理。

当然,这些作为监工的村干部不仅要承担起转入方赋予其的日常田间管理责任,也要承担起相关矛盾和纠纷的处理工作。如果转入方经营效益不佳,甚至因为经营失败而"跑路"的时候,这些村干部不仅会蒙受流转租金和工资拖欠所带来的经济损失,也会使得自己的威望和影响力下降,并给农村其他工作开展带来不良影响。

四、政府与转入方之间的博弈分析

(一)政府与转入方之间的博弈

在政府主导型农地大规模流转项目实施过程中,作为公共利益代表的政府,其行为既在一定程度上体现了包括项目区内的农民在内的公共利益,同样也在一定程度上体现了地方政府领导的意志,并在一定程度上与公共利益产生一定的偏离。当政府作为规则制定者时,相关规则可以为转出方与转入方的博弈和互动提供基础和平台,从而形成相对稳定的预期以及流转双方均能够接受的结果。而当政府,尤其是地方政府通过招商引资、财政奖补、领导定点联系等方式来介入或推动农地流转时转入方的预期会在一定程度上被改变,进而改变了农地资源的配置效率。

案例 15:安徽省繁昌县平铺镇宏庆米业老板的曹仁宏于 2008 年集中流转了国家土地治理项目区繁昌县平铺镇 21 个村民小组 564 户农民集中流转的土地,并且签订了 2 244.3 亩土地的 8 年承包经营合同,第一年租金为每亩 175 千克杂交稻,次年后租金为每亩 200 千克稻,其中 50 千克由平铺镇政府补贴。截至 2012 年 5 月,曹仁宏已流转承包土地 3 700 多亩,并打算转入马仁等 4 个行政村的 3 000 多亩土地。2015 年 5 月曹仁宏荣获"全国劳动模范"荣誉称号,这在一定程度上表明政府的支持政策起到了一定效果。如果没有政府的支持、鼓励和补贴,很难想象曹仁宏会作出继续扩大规模的决定。

转入方是否转入土地，主要是以成本收益分析为决策基础。政府制定的相关规则，可以对转入方的农地转入行为予以规制，并有助于其形成稳定预期。政府在招商引资过程中作出的相关承诺以及对于农地规模流转给予财政奖补等做法，却有可能改变转入方的经营预期。尤其是一些缺乏农业经营经验和农业经营能力的转入方，更容易因为这种承诺和奖补，而作出盲目扩大流转经营规模的决定，从而使得经营风险进一步加剧。

我们还注意到，当政府主导型农地大规模流转的转入方遇到困难时，他们往往会寻求政府的帮助，解决经营中遇到的有关问题，甚至包括土地租金和农民打工工资的兑付问题。在现行政府考核体制下，信访和社会维稳工作已成为对地方政府工作进行问责的重要事项。如果政府主导型农地大规模流转项目区内的很多农民未能及时领到农地流转租金或者打工工资，他们有可能会通过群体性维权行为来表达其诉求，给地方政府带来很大压力。在这种情况下，地方政府很可能会选择花钱"买平安"，向农民支付部分甚至全部原本应由转入方支付的租金或工资。这样一来，就在事实上形成了地方政府与转入方之间的科尔奈意义上的预算软约束，导致政府被套牢，并扭曲了农地流转的成本收益和风险配置机制，造成资源错配。当转入方农地流转项目遇到重大困难，难以继续经营下去时，政府在不得已的情况下，也会继续寻找有意从事农地大规模经营的相关市场主体，并为其接盘穿针引线。

案例16：定远县池河镇整理了1.5万亩农地。某种植大户于2010年到当地流转7 350亩地作为水稻、小麦和花生种植基地，流转租金经竞标产生，以270千克水稻作为地租，价格按照当年水稻保护价结算。但由于土地整理后没有还原地表土，致使土壤肥力下降、保水性较差，加之小麦赤霉病爆发，管理不到位等，致使流转失败。2012年夏，该种植大户在支付了一半租金后再无力支付流转租金，该项目以失败收场。土地流转也成为令当地党政部门颇为头痛的问题。在这种情况下，地方政府又与本地企业某集团联系。在谈判并支付了当年剩余租金后，该集团于2012年8月正式入驻池河镇，租金仍为270千克水稻。2015年7月，笔者在当地调研时，当地干部仍对该集团深表感激，并表示他们帮助政府解决了一个大难题。

（二）政府与转入方博弈中的村干部

在政府与转入方与转出方的博弈中，村干部的作用同样十分重要。一方面，对于政府而言，其制定的关于农地流转的相关政策、规章和制度主要通过村干部来实施。村干部的能力和素质直接影响着这些政策、规章和制度的实施效果。另一方面,在政府主导型农地大规模流转项目的推进过程中,无论是政府兑现其在招商引资过程中向转入方作出的承诺,还是相关惠农优惠政策的落实,均主要依靠村干部来实施。在当前的行政体制下,村干部的相关待遇主要由政府解决,因此政府的意志对于村干部具有一定影响。但由于政府对村干部既缺乏有效的监督手段,又缺乏有效的激励或负激励措施(周其仁,1995),因此政府对村干部的影响不宜被高估。

对于转入方而言,尤其是那些来自外地的转入方,村干部的存在更加不可或缺。首先,村干部凭借自身的组织能力、所掌握的相关信息以及项目区内群众对其的信任介入政府主导型农地大规模流转项目,可以在一定程度上消除农民与转入方之间的信息不对称现象,改善资源配置效率,降低农民与转出方之间的交易成本。其次,鉴于村干部具有一定管理能力,转入方在管理能力不足的条件下,聘任某些村干部担任项目管理人员,不仅可以改善管理效能,也可以在一定程度上改善村干部的经济状况,实现双方的双赢。再次,在农地流转项目实施过程中,村干部可以在矛盾化解中发挥积极作用,缓解流转双方的矛盾。最后,如果当政府主导型农地大规模流转项目的转入方因资金链断裂,无法支付相关农地的租金和农民工资时,村干部也会在农地流转中蒙受经济损失。在这种情况下,他们也有可能与转入方产生剧烈的矛盾和冲突,并加速项目的失败。

反之,如果处理不好村干部的利益问题,他们有可能成为农地流转的障碍和阻力。笔者曾不止一次地了解到,在政府主导型农地大规模流转项目实施过程中,某些离任村干部因为对现任村两委班子有所不满,怂恿部分利益受损的群众向转入方提出较高要求,甚至策动群体性事件,给现任村两委班子出难题,阻挠农地大规模流转项目的实施。

五、本章小结

本章考察了作为转出方的农民、政府和转入方在政府主导型农地大规模流转项目实施过程中的所开展的相关利益博弈,并结合村干部的行为探讨了三者间的利益协调问题,具体小结如下:

作为转出方的农民是否将承包经营的农地流转出去主要取决于其对于农地流

转成本收益的判断。转入方流转土地的目的主要是运用转入的农地从事农业或与农业相关的经营活动,以获取利润。政府参与农地流转的动机主要基于农业生产效率和农民增收的考虑。三者既存在利益一致性,也存在一定的利益冲突。当推进农地大规模流转项目成为政府通过行政压力予以推动的重要任务时,这尽管有助于推进工作进度,但也会带来抬高当地的租金水平,并且扭曲资源配置的方式,影响资源配置的效率等负面影响。村干部可以成为农地流转的推动者,但如果处理不当,他们也有可能成为农地流转的障碍和阻力。

第九章 结论与政策含义

一、研究结论

政府主导型农地大规模流转项目的推进与实施,在促进农业现代化和农民增收的同时,也带来了一些亟待解决的问题。本书在相关领域已有研究成果的基础上,基于田野调查所获得的相关资料与数据,针对政府主导型农地大规模流转问题开展研究,并形成了如下结论:

其一,在政府主导型农地大规模流转项目实施过程中,地方政府以过程主导的方式,通过招商引资、财政信贷、行政动员等形式参与到农地流转中,在一定程度上影响和干预了市场的基础性资源配置,造成了资源配置形式的扭曲,并在一定程度上导致了不公平竞争。因此,这一模式不宜提倡和推广。

其二,就全国大部分地区,尤其中西部地区而言,并不具备推动和实施政府主导型农地大规模流转的条件。政府主导型农地大规模流转模式规模大、租金高、风险大,且对社会经济环境、相关各方能力、群众基础以及各方互动机制均有着严格的要求。随着社会经济发展,工业化、城镇化和农业现代化的推进以及人们认识的转变,政府主导型农地大规模流转项目实施所需条件在一些地区逐渐成熟,那时这类项目将可能会在一些地区广泛出现并取得成功。

其三,政府主导型农地大规模流转项目风险巨大,亟待防范、化解和克服。转出方要面对农地流转租金风险、转入方违约风险、收入下降风险、工资拖欠风险、社会保障风险以及失去农地的风险,转入方要面对自然风险、管理风险、市场风险和社会风险,政府则需要面对财政风险、公信力风险、社会稳定风险以及粮食安全风险等。这些对相关各方的风险管理能力提出了较高要求。

其四，政府主导型农地大规模流转项目的实施，可以使项目区内大多数群众从中获益，但也有部分群众利益因流转而受损。由于相关各方利益和诉求存在不一致性，甚至存在矛盾和冲突。只有从现实出发，正确认识这种利益的不一致性，并充分发挥村干部的作用，才能做好政府主导型农地大规模流转工作。

二、政策含义

基于上述研究结论，本书的政策含义可以归纳如下：

首先，政府方面尤其是地方政府主导农地大规模流转应选择规则主导的方式，为农地流转建立制度环境，而不应选择过程主导的方式，直接干预市场主体微观决策。即使要开展农地大规模流转工作，也应结合国土整治、城乡一体化项目循序渐进，不宜为追求轰动效果强行推动，进而扭曲资源配置和风险约束。在农地流转过程中，凡是市场可以解决的问题，均应交给市场来解决，而必须由政府来解决的问题，则交给政府来解决。

其次，应以客观理性的态度看待政府主导型农地大规模流转项目。政府主导型农地大规模流转项目不宜为追求轰动效应，而过度提倡、强行推进，也不宜不分青红皂白全面禁止，应根据地方实际，结合转入方经营能力、当地群众基础以及政府协调能力，作出科学决策，并扎实做好相关配套工作，有效整合各种资源，才有可能成功。

再次，相关各方应紧密关注项目实际运行状况，并切实做好风险管理工作。政府主导型农地大规模流转项目的高风险要求转入方和政府需要认真考虑自身风险承担能力。对于已实施的项目，转入方和政府均应密切关注项目运行情况，切实做好风险管理工作，制定好风险防范化解预案，避免因流转失败给社会经济乃至人民生活带来剧烈震荡和冲击。

最后，应充分关注政府主导型农地大规模流转项目实施中的相关矛盾和利益协调问题。在项目实施过程中，相关各方之间产生矛盾和冲突在所难免，矛盾和冲突并不可怕，但不能放任不管。村两委和村干部，可以发挥防火墙作用，防止和抑制相关矛盾激化，以免形成大规模群体性事件，并且乡村干部还可以起到良好的沟通作用。从现实来看，激励乡村干部并充分发挥其主观能动性和工作积极性，对于做好农地大规模流转工作具有极为重要的现实意义。

附录一 针对政府的结构化访谈纲要

问卷编号：_____
调查地点：_____
调 查 员：_____
调查时间：_____

尊敬的领导：

您好：

非常感谢您愿意接受本次调查。在调查中，我们旨在了解您对于政府主导型农地大规模流转项目的看法，本次调查结果将严格限于学术研究之用，不作为其他用途。谢谢您的支持与合作。

1. 在土地流转过程中，农地流转所在地的政府主要承担了什么角色？需要做好哪些工作？这些是不是政府的本职工作？政府为什么要承担这些角色？具体又是怎么做的？上级有无给予财政或者其他方面的支持？

2. 你们当地以前土地流转是一种什么样的情况？（具体流转规模、涉及户数、租金数量以及是否出现过矛盾或纠纷）

3. 转入方是通过什么途径来到本地的？与地方政府在工作中是如何相互配合的？双方合作是否愉快？

4. 在农地流转期过程中，政府与村两委的工作关系如何？在工作中是否存在意见不一致的地方？这些问题又是怎么解决的？

5. 转入方与转出方农民在工作中是否出现过矛盾或者理解不一致的地方？如果出现矛盾的话，政府一般会怎么办？这样做的效果怎么样？

6. 您认为政府主导型农地大规模流转有什么优势和弊端？如何进一步发挥这种优势，克服相关弊端？

7. 您认为政府主导型农地大规模流转在什么样的地方容易成功？想要取得成功，哪些条件必不可少？

附录二　针对转入方的结构化访谈纲要

转入方朋友:

您好!

非常感谢您愿意接受本次调查,在调查中,我们旨在了解您对于政府主导型农地大规模流转项目的看法,本次调查结果将严格限于学术研究之用,不作为其他用途。谢谢您的支持与合作。

1. 请问您的经营主业是什么?农业经营与主业有无关联?过去是否从事过与农业有关的上游或者下游经营业务?若有,经营的是什么业务?采取何种方式进行的?

2. 从事农业经营多长时间了?过去主要从事哪些农业或者农产品的经营活动?效益如何?

3. 过去是否在其他地方开展过大规模土地流转项目?如果是,在那些地方开展的?规模如何(面积、涉及农户数等)?主要种植什么?效果(经济效益、农民收入)怎么样?

4. 转入方是什么时候来到项目区的？是通过何种途径过来的（熟人介绍或政府招商引资）？如果是政府招商引资，那是哪一级政府做的？政府当时承诺了什么？您从开始考察到最后下定决心过来经历了多长时间？政府的承诺是不是兑现了？

5. 转入方流转了多少土地？总共涉及多少个村庄？多少农户？主要从事什么生产经营活动？又是采取什么方式开展的？

6. 转入方是与谁签订的土地流转协议（农户、村两委、乡镇政府）？

7. 土地承包费每年多少钱？与周边流转项目相比，是高了还是低了？与以前的规模流转项目比，是高了还是低了？向农户支付的是实物租金还是货币租金？租金怎么发放的（银行卡转账发放还是当面现金发放？年初付租金还是年底付租金？年租金是一次付清，还是分几次付清）？

8. 如果赢利了，将如何支配利润？如果亏损了，您打算怎么办？

9. 转入方在农地流转期间,是否与农民或村两委就农地流传产生过矛盾或纠纷?这些矛盾最后是如何处理解决的?

10. 转入方是否享受到粮食直补等惠农政策?

11. 从经营情况来看,您认为需要具备哪些条件才能取得大规模流转的成功?

附录三 政府主导型农地流转问卷(农民)

问卷编号：_____

调查地点：_____

调 查 员：_____

调查时间：_____

尊敬的农民朋友：

您好！

非常感谢您愿意接受本次调查。我们因承担国家社会科学基金研究项目的需要,组织了此次调查。在调查中,我们旨在了解您对于政府主导型农地大规模流转项目的看法。本次调查结果主要用于我们的研究工作。您的任何回答都不会对您本人、家庭和所在社区造成不良影响。您的回答也将会被严格保密。请根据您的选择,在相应选项下划"√",或在____处填上适当的内容。谢谢您的支持！

1. 您的性别为(　　),有____个子女。
   A. 男性　　　　B. 女性

2. 您的年龄为(　　)。
   A. 18～30 岁　　B. 31～45 岁　　C. 46～59 岁　　D. 60 岁及以上

3. 您的文化程度为(　　)。
   A. 小学及以下　B. 初中　　　　C. 高中或中专　D. 大专及大专以上

4. 您目前身份是(　　)。

A. 普通村民　　B. 党员　　C. 村两委干部　D. 其他

5. 您的家庭目前人均承包土地（　　）。

    A. 1 亩以下　　B. 1～2 亩　　C. 2 亩以上

6. 您家目前承包了____块耕地。

7. 您目前家庭人均纯收入____元，与全村其他人相比（　　）。

    A. 比较好　　B. 一般　　C. 比较差

8. 您目前主要的收入来源是（　　）。

    A. 种植业　　B. 养殖业　　C. 外出打工

    D. 个体经营或创办企业

9. 您的孩子（　　）。

    A. 在外地打工　　B. 在本地打工　　C. 没有出去打工

10. 您对于我国农地流转政策（　　）。

    A. 非常了解　　B. 有所了解　　C. 不大了解

11. 你对政府主导型农地大规模流转项目持（　　）态度。

    A. 非常支持　　B. 无所谓　　C. 不大赞成

12. 您觉得政府主导型农地大规模流转项目很好，主要是因为（　　）(可多选)。

    A. 便于水利灌溉　　　　　　B. 便于机收机种

    C. 便于病虫害防治　　　　　D. 增加农民收入

13. 您觉得政府主导型农地大规模流转项目不好，主要是因为（　　）(可多选)。

    A. 经营风险太大　　　　　　B. 不适合本地情况

    C. 群众不支持　　　　　　　D. 增收效果不明显

14. 在这种模式下，您将承包的土地（　　）。

    A. 全部流转了　　　　　　　B. 大部分流转了

    C. 小部分流转了　　　　　　D. 没有流转出去

15. 在流转合同谈判中，（　　）来和您谈过土地流转的事情(可以多选)。

    A. 亲戚朋友　　B. 村干部　　C. 乡镇干部　　D. 转入方

16. 在就流转合同进行谈判时，您最愿意和（　　）谈。

    A. 亲戚朋友　　B. 村干部　　C. 乡镇干部　　D. 转入方

17. 您和( )签订了农地流转合同。

    A. 村两委   B. 乡镇政府   C. 转入方

18. 您签订的流转合同期限为____年,你觉得期限( )。

    A. 太长了   B. 正好   C. 有点短

19. 如果流转出去了,租金是每亩____元,与周边租金水平相比,您觉得( )。

    A. 很满意   B. 都差不多,无所谓   C. 不满意,有点低了

20. 如果流转给亲戚朋友,您打算每亩收取租金____元,如果流转给村里的其他人,您打算每亩收取租金____元。

21. 租金的给付方式是( )。

    A. 每年一付,年初结清   B. 每年一付,年底结清

    C. 每半年付一次

22. 如果流转出去了,承包方应( )租金。

    A. 按时给付   B. 基本按时给付   C. 没有按时给付

23. 在合同期限内,如果你对合同不满意,( )修改合同。

    A. 可以   B. 不可以

24. 您的经济状况与流转前相比( )。

    A. 有所改善   B. 差不多   C. 有所下降

25. 如果经济状况有改善,主要是因为( )。

    A. 承包费收入较高   B. 可以外出打工获得较高收入

    C. 有利于在本地创业,从事非农生产经营

    D. 拓宽了收入渠道

26. 如果没有改善,主要是因为( )。

    A. 转入方经营效益较差,承包费不能及时兑现

    B. 为转入方打工工资被拖欠   C. 不如自己经营效益好

    D. 土地转出后,粮食、蔬菜等均需要从市场上购买,生活成本增加

27. 土地流转出之后,您的收入来源( )。

    A. 有所变化、   B. 没有变化

    如果有所变化,主要是哪些变化_____。

28. 与周边自发市场主导型流转项目相比,政府主导型农地流转项目在经营范围上( )。

  A. 相同,都一样　　B. 不一样

29. 流转前种植结构( ),流转后种植结构( )。

  A. 以粮食作物为主　　　　B. 以蔬菜作物为主
  C. 以其他经济作物为主

30. 与农民自己种相比,政府主导型农地大规模流转项目的产量( )。

  A. 较高　　　B. 没有明显差别　　C. 较低

31. 与其他农地流转项目相比,政府主导型农地大规模流转项目的经济效益( )。

  A. 很好　　　B. 差不多　　　C. 比较差

32. 在这种模式下,您与转入方( )矛盾。

  A. 产生过　　　B. 没有产生过

33. 如果与转入方产生了矛盾,您会去找( )协调解决。

  A. 村干部　　B. 乡镇政府　　C. 县级政府　　D. 新闻媒体

34. 如果曾与转入方发生过矛盾,经过努力,您和转入方的矛盾最终解决了吗?( )。

  A. 解决了　　　B. 没有解决

附录四　政府主导型农地流转问卷(村支书)

问卷编号：_____

调查地点：_____

调　查　员：_____

调查时间：_____

尊敬的村支书朋友：

　　您好！

　　非常感谢您愿意接受本次调查。我们因承担国家社会科学基金研究项目的需要,组织了此次调查。在调查中,我们旨在了解您对于政府主导型农地大规模流转项目的看法。本次调查结果主要用于我们的研究工作。您的任何回答都不会对您本人、家庭和所在社区造成不良影响。您的回答也将会被严格保密。请根据您的选择,在相应选项下划"√",或在____处填上适当的内容。谢谢您的支持!

1. 您的性别为(　　),今年____岁。
    A. 男性　　　　　B. 女性

2. 您的文化程度是(　　)。
    A. 小学及以下　　B. 初中　　　　C. 高中或中专　　D. 大专及以上

3. 您目前所在的村位于(　　)
    A. 平原地区　　　B. 丘陵地区　　C. 山区

4. 您来自____乡镇,您所在村距离乡镇____千米,距县城____千米。

5. 您所在的村人均耕地面积为(　　)。
   A. 1亩以下　　B. 1~2亩　　C. 2亩以上

6. 根据您的了解,您所在的村农民收入主要依靠(　　)(可多选)。
   A. 种植业和养殖业　　　　B. 外出打工
   C. 土地承包费　　D. 政府补助性收入　　E. 工商业收入

7. 根据您的了解,农民如果不愿意从事农业,可能是因为(　　)(可多选)。
   A. 不懂农业技术　　　　B. 农业不赚钱
   C. 农业太苦太累　　　　D. 搞农业太丢人

8. 您觉得现行的家庭承包经营制度(　　)
   A. 应继续坚持　　B. 改不改无所谓　　C. 需要进行改革

9. 您所在的村农地流转地面积(　　)。
   A. 非常多　　B. 比较多　　C. 一般
   D. 比较少　　E. 非常少

10. 根据您的了解,您所在的村农地承包费为每亩____元,您觉得(　　)。
    A. 比较高　　B. 正好　　C. 有点低

11. 根据您的了解,您所在的村农地流转期限一般为____年,您觉得(　　)。
    A. 有点长　　B. 正好　　C. 有点短

12. 你是否听说过一些地方政府推动的农村土地大规模流转项目?(　　)。
    A. 听说过　　B. 没听说过

13. 你所知道的政府主导型农地规模流转项目的转入方来自(　　)。
    A. 本地　　B. 外地

14. 根据您的了解,转入方是(　　)。
    A. 种植大户　　B. 合作社　　C. 农业企业
    D. 与农业有关联的企业　　　　E. 与农业没有关联的企业

15. 您对转入方的经营前景感到(　　)。
    A. 非常乐观　　B. 比较乐观　　C. 一般
    D. 不太乐观　　E. 非常不乐观

16. 根据您的了解,农民大多对政府主导型农地大规模流转项目持(　　)态度。

A. 非常支持　　　　B. 比较支持　　　　C. 无所谓

D. 不太支持　　　　E. 很不支持

17. 如果农民觉得它很好,可能是因为( )(可多选)。

A. 便于水利灌溉　　　　　　　B. 便于机收机种

C. 便于病虫害防治　　　　　　D. 增加农民收入

18. 如果农民觉得它不好,主要是因为( )(可多选)。

A. 经营风险太大　　　　　　　B. 不适合本地情况

C. 群众不支持　　　　　　　　D. 增收效果不明显

19. 根据您的了解,村干部对政府主导型农地大规模流转项目持( )态度。

A. 非常支持　　　　B. 比较支持　　　　C. 无所谓

D. 不太支持　　　　E. 很不支持

20. 如果村干部觉得政府主导型农地大规模流转项目很好,可能是因为具( )(可多选)。

A. 便于水利灌溉　　　　　　　B. 便于机收机种

C. 便于病虫害防治　　　　　　D. 增加农民收入

21. 如果农村干部觉得政府主导型农地大规模流转项目不好,可能是因为其( )(可多选)。

A. 经营风险太大　　　　　　　B. 不适合本地情况

C. 群众不支持　　　　　　　　D. 增收效果不明显

22. 您对政府主导型农地大规模流转项目持( )态度。

A. 非常支持　　　　B. 比较支持　　　　C. 无所谓

D. 不太支持　　　　E. 很不支持

23. 如果您觉政府主导型农地大规模流转项目很好,主要是因为其( )(可多选)。

A. 便于水利灌溉　　　　　　　B. 便于机收机种

C. 便于病虫害防治　　　　　　D. 增加农民收入

24. 如果您觉得政府主导型农地大规模流转项目不好,主要是因为其( )(可多选)。

A. 经营风险太大　　　　　　　B. 不适合本地情况

C. 群众不支持　　　　　　　　D. 增收效果不明显

25. 在政府主导型农地大规模流转项目中,您觉得由( )和农民谈比较合适。

   A. 农民的亲友　　B. 村干部　　C. 乡镇干部　　D. 转入方

26. 在政府主导型农地规模流转项目中,转出户的经济状况与流转前相比( )。

   A. 有所改善　　B. 差不多　　C. 有所下降

27. 如果有改善,主要是因为( )(可多选)。

   A. 承包费收入较高　　　　　　B. 可以外出打工获得较高收入

   C. 有利于在本地创业,从事非农生产经营

   D. 拓宽了收入渠道

28. 如果没有改善,主要是因为( )(可多选)。

   A. 转入方经营效益较差,承包费不能及时兑现

   B. 转入方被拖欠打工农民的工资

   C. 不如自己经营效益好

   D. 土地转出后,粮食、蔬菜等均需要从市场上购买

29. 与市场主导型农地流转项目相比,政府主导型农地流转项目在经营范围上( )。

   A. 相同,都一样　　B. 不一样

30. 流转前种植结构( ),流转后种植结构( )。

   A. 以粮食作物为主　　　　　　B. 以蔬菜作物为主

   C. 以其他经济作物为主

31. 与农民自己种相比,政府主导型农地大规模流转项目的产量( )。

   A. 较高　　B. 没有明显差别　　C. 较低

32. 与其他农地流转项目相比,政府主导型农地大规模流转项目的经济效益( )。

   A. 很好　　B. 差不多　　C. 比较差

33. 在这种模式下,农民与转入方( )矛盾。

   A. 产生过　　B. 没有产生过

34. 经过努力,矛盾最终解决了吗?( )

   A. 解决了　　B. 没有解决

35. 如果与转入方产生了矛盾,农民会去找(　　)协调解决(可多选)。

　　A. 村干部　　　　B. 乡镇政府　　C. 县级政府　　　D. 新闻媒体

36. 就农地规模经营而言,您觉得政府的(　　)做法比较好(可多选)?

　　A. 制定政策措施,保障土地有序流转

　　B. 以补贴鼓励规模经营

　　C. 做好群众工作,确保规模流转推进

　　D. 政府领导包点联系规模经营主体

　　E. 其他_____

37. 您觉得(　　)对于规模经营获得成功来说是必不可少的(可多选)。

　　A. 转入方经济实力雄厚　　　　B. 转入方具有农业经营经验

　　C. 转入方经营能力强　　　　　D. 项目区群众基础较好

　　E. 项目区广大干部的支持　　　F. 政府的强力支持

附录五　政府主导型农地流转问卷(第一书记)

问卷编号：_____

调查地点：_____

调　查　员：_____

调查时间：_____

尊敬的第一书记朋友：

　　您好！

　　非常感谢您愿意接受本次调查。我们因承担国家社会科学基金研究项目的需要，组织了此次调查。在调查中，我们旨在了解您对于政府主导型农地流转项目的看法。本次调查结果主要用于我们的研究工作。您的任何回答都不会对您本人、家庭和所在社区造成不良影响。您的回答也将会被严格保密。请根据您的选择，在相应选项下划"√"，或在____处填上适当的内容。谢谢您的支持！

1. 您的性别为(　　)，今年____岁。
    A. 男性　　　　　B. 女性

2. 您的文化程度是(　　)。
    A. 小学及以下　　B. 初中　　　C. 高中或中专　　D. 大专及以上

3. 你目前的行政级别是(　　)。
    A. 副科级以下　　B. 副科级　　C. 正科级
    D. 副处级　　　　E. 正处级

4. 您目前所在的村位于( )。
   A. 平原地区　　　B. 丘陵地区　　　C. 山区

5. 您所工作的村人均耕地( )
   A. 1亩以下　　　B. 1～2亩　　　C. 2亩以上

6. 根据您的了解,您所工作的村农民收入主要依靠( )(可多选)。
   A. 种植业和养殖业收入　　　B. 外出打工收入　　　C. 土地承包费收入
   D. 政府补助性收入　　　E. 工商业收入

7. 根据您的了解,农民如果不愿意从事农业,主要因为( )(可多选)。
   A. 不懂农业技术　　　　　　　B. 农业不赚钱
   C. 农业太苦太累　　　　　　　D. 搞农业太丢人

8. 您觉得现行的家庭承包经营制度( )。
   A. 应继续坚持　　B. 改不改无所谓　　C. 需要进行改革

9. 您所在的村农地流转土地面积( )。
   A. 非常多　　　B. 比较多　　　C. 一般
   D. 比较少　　　E. 非常少

10. 根据您的了解,这些土地主要流转给了( )。
    A. 亲戚朋友　　　　　　　　B. 村里的其他熟人
    C. 合作社　　　D. 种植大户　　　E. 企业

11. 根据您的了解,您所在的村农地流转租金每亩____元,您觉得( )。
    A. 比较高　　　B. 正好　　　C. 有点低

12. 根据您的了解,您所在的村农地流转期限一般为____年,您觉得( )。
    A. 有点长　　　B. 正好　　　C. 有点短

13. 你( )一些地方政府推动的农村土地大规模流转项目。
    A. 听说过　　　B. 没听说过

14. 你所知道的政府主导型农地大规模流转项目转入方来自( )。
    A. 本地　　　B. 外地

15. 根据您的了解,转入方是( )
    A. 种植大户　　　B. 合作社　　　C. 农业企业

D. 与农业有关联的企业　　　　　E. 与农业没有关联的企业

16. 您对转入方的经营前景感到(　　)。
    A. 非常乐观　　B. 比较乐观　　C. 一般
    D. 不太乐观　　E. 非常不乐观

17. 根据您的了解,农民大多对政府主导型农地大规模流转项目持(　　)态度。
    A. 非常支持　　B. 比较支持　　C. 无所谓
    D. 不太支持　　E. 很不支持

18. 如果农民觉得政府主导型农地大规模流转项目很好,可能是因为(　　)(可多选)。
    A. 便于水利灌溉　　　　　　B. 便于机收机种
    C. 便于病虫害防治　　　　　D. 增加农民收入

19. 如果农民觉得政府主导型农地大规模流转项目不好,可能是因为(　　)(可多选)。
    A. 经营风险太大　　　　　　B. 不适合本地情况
    C. 群众不支持　　　　　　　D. 增收效果不明显

20. 根据您的了解,村干部对政府主导型农地大规模流转项目持(　　)态度。
    A. 非常支持　　B. 比较支持　　C. 无所谓
    D. 不太支持　　E. 很不支持

21. 如果农村干部觉得政府主导型农地大规模流转项目很好,可能是因为(　　)(可多选)。
    A. 便于水利灌溉　　　　　　B. 便于机收机种
    C. 便于病虫害防治　　　　　D. 增加农民收入

22. 如果农村干部觉得政府主导型农地大规模流转项目不好,可能是因为(　　)(可多选)。
    A. 经营风险太大　　　　　　B. 不适合本地情况
    C. 群众不支持　　　　　　　D. 增收效果不明显

23. 您对政府主导型农地大规模流转项目持(　　)态度。
    A. 非常支持　　B. 比较支持　　C. 无所谓
    D. 不太支持　　E. 很不支持

24. 如果您觉政府主导型农地大规模流转项目很好,主要是因为(　　)(可多选)。
    A. 便于水利灌溉　　　　　　B. 便于机收机种

C. 便于病虫害防治　　　　　　D. 增加农民收入

25. 如果您觉得政府主导型农地大规模流转项目不好,主要是因为(　　)(可多选)。

　　A. 经营风险太大　　　　　　B. 不适合本地情况
　　C. 群众不支持　　　　　　　D. 增收效果不明显

26. 在政府主导型农地大规模流转项目中,您觉得由(　　)和农民谈比较合适。

　　A. 农民的亲友　　B. 村干部　　C. 乡镇干部　　D. 转入方

27. 在政府主导型农地大规模流转项目中,转出户经济状况与流转前相比(　　)。

　　A. 有所改善　　B. 差不多　　C. 有所下降

28. 如果有改善,主要是因为(　　)(可多选)。

　　A. 承包费收入较高　　　　　B. 可以外出打工获得较高收入
　　C. 在本地创业,从事非农生产经营
　　D. 拓宽了收入渠道

29. 如果没有改善,主要是因为(　　)(可多选)。

　　A. 转入方经营效益较差,承包费不能及时兑现
　　B. 为转入方打工,工资被拖欠
　　C. 不如自己经营效益好
　　D. 土地转出后,粮食、蔬菜等均需要从市场上购买

30. 与市场主导型农地流转项目相比,政府主导型农地流转项目在经营范围上(　　)。

　　A. 相同,都一样　　B. 不一样

31. 流转前种植结构(　　),流转后种植结构(　　)。

　　A. 以粮食作物为主　　　　　B. 以蔬菜作物为主
　　C. 以其他经济作物为主

32. 与农民自己种相比,政府主导型农地大规模流转项目的产量(　　)。

　　A. 较高　　B. 没有明显差别　　C. 较低

33. 在这种模式下,农民与转入方(　　)矛盾。

　　A. 产生过　　B. 没有产生过

34. 经过努力,矛盾最终解决了吗?(　　)。

　　A. 解决了　　B. 没有解决

35. 矛盾如果解决了,是通过(　　)解决的。

　　A. 中间人　　　B. 村两委　　　C. 乡镇政府　　　D. 县级政府

　　E. 司法机关　　F. 新闻媒体

36. 就农地规模经营而言,您觉得政府的(　　)做法比较好。

　　A. 制定政策措施,保障土地有序流转

　　B. 以补贴鼓励规模经营

　　C. 做好群众工作,确保规模流转推进

　　D. 政府领导包点联系规模经营主体

37. 您觉得(　　)对于规模经营获得成功来说是必不可少的。

　　A. 转入方经济实力雄厚　　　　B. 转入方具有农业经营经验

　　C. 转入方经营能力强　　　　　D. 项目区群众基础较好

　　E. 项目区广大干部的支持　　　F. 政府的强力支持

附录六　政府主导型农地流转问卷（县乡干部）

问卷编号：_____

调查地点：_____

调 查 员：_____

调查时间：_____

尊敬的县乡干部朋友：

　　您好！

　　非常感谢您愿意接受本次调查。我们因承担国家社会科学基金研究项目的需要，组织了此次调查。在调查中，我们旨在了解您对于政府主导型农地流转项目的看法。本次调查结果主要用于我们的研究工作。您的任何回答都不会对您本人、家庭和所在社区造成不良影响。您的回答也将会被严格保密。请根据您的选择，在相应选项下划"√"，或在____处填上适当的内容。谢谢您的支持！

1. 您的性别为（　　），今年____岁。
   A. 男性　　　　B. 女性

2. 您的文化程度是（　　）。
   A. 小学及以下　　B. 初中　　C. 高中或中专　　D. 大专及以上

3. 你目前的行政级别是（　　）。
   A. 副科级以下　　B. 副科级　　C. 正科级
   D. 副处级　　　　E. 正处级

4. 您是否在农村或乡镇工作过?(　　)

　　A. 工作过　　　　B. 没有

5. 根据您的了解,农民如果不愿意从事农业,主要因为(　　)(可多选)。

　　A. 不懂农业技术　　　　　　B. 农业不赚钱

　　C. 农业太苦太累　　　　　　D. 搞农业太丢人

6. 您觉得现行的家庭承包经营制度(　　)。

　　A. 应继续坚持　　B. 改不改无所谓　　C. 需要进行改革

7. 你(　　)一些地方政府推动的农村土地大规模流转项目。

　　A. 听说过　　　　B. 没听说过

8. 你所知道的政府主导型农地大规模流转项目转入方来自(　　)。

　　A. 本地　　　　　B. 外地

9. 您对政府主导型农地大规模流转项目持(　　)态度。

　　A. 支持　　　　　B. 比较支持　　　C. 无所谓

　　D. 有点不支持　　　　　　　E. 很不支持

10. 根据您的了解,转入方是(　　)。

　　A. 种植大户　　B. 合作社　　　C. 农业企业

　　D. 与农业有关联的企业　　　E. 与农业无关联的企业

11. 在政府主导型农地大规模流转项目中,您觉得由(　　)和农民谈较合适。

　　A. 农民的亲友　　B. 村干部　　C. 乡镇干部　　D. 转入方

12. 您对转入方的经营前景感到(　　)。

　　A. 非常乐观　　B. 比较乐观　　C. 一般

　　D. 不太乐观　　E. 非常不乐观

13. 如果农民觉得政府主导型农地大规模流转项目很好,可能是因为(　　)(可多选)。

　　A. 便于水利灌溉　　　　　　B. 便于机收机种

　　C. 便于病虫害防治　　　　　D. 增加农民收入

14. 如果农民觉得政府主导型农地大规模流转项目不好,主要是因为(　　)(可多选)。

　　A. 经营风险太大　　　　　　B. 不适合本地情况

　　C. 群众不支持　　　　　　　D. 增收效果不明显

15. 根据您的了解,村干部对政府主导型农地大规模流转项目持(　　)态度。

  A. 非常支持   B. 比较支持   C. 无所谓

  D. 不太支持   E. 很不支持

16. 如果农村干部觉得政府主导型农地大规模流转项目很好,可能是因为(　　)(可多选)。

  A. 便于水利灌溉   B. 便于机收机种

  C. 便于病虫害防治   D. 增加农民收入

17. 如果农村干部觉得政府主导型农地大规模流转项目不好,可能是因为(　　)(可多选)。

  A. 经营风险太大   B. 不适合本地情况

  C. 群众不支持   D. 增收效果不明显

18. 根据您的了解,转出户经济状况以前较(　　)。

  A. 有所改善   B. 差不多   C. 有所下降

19. 农民如果支持政府主导型农地大规模流转项目,主要是因为(　　)(可多选)。

  A. 便于水利灌溉   B. 便于机收机种

  C. 便于病虫害防治   D. 增加农民收入

20. 农民如果不支持政府主导型农地大规模流转项目,主要是因为(　　)(可多选)。

  A. 经营风险太大   B. 不适合本地情况

  C. 群众不支持   D. 增收效果不明显

21. 农民生活如果有改善,主要是因为(　　)。

  A. 承包费收入较高   B. 可以外出打工获得较高收入

  C. 有利于在本地创业,从事非农生产经营

  D. 拓宽了收入渠道

22. 农民如果没有改善,主要是因为(　　)(可多选)。

  A. 转入方经营效益较差,承包费不能及时兑现

  B. 为转入方打工,工资被拖欠   C. 不如自己经营效益好

  D. 土地转出后,粮食、蔬菜等均需要从市场上购买

23. 农民与转出方(　　)矛盾。

  A. 出现过   B. 没出现过

24. 您觉得通过(　　)化解矛盾比较好。
　　A. 中间人　　　　B. 村两委　　　　C. 乡镇政府　　　D. 县政府
　　E. 司法机关　　　F. 新闻媒体

25. 您觉得(　　)对于政府主导型农地大规模流转成功必不可少(可多选)。
　　A. 制定政策保障有序流转　　　　B. 补贴规模经营
　　C. 做好群众工作　　　　　　　　D. 领导包点联系
　　E. 转入方实力雄厚经营能力强　　F. 转入方有农业经营经验
　　G. 项目区群众基础好　　　　　　H. 项目区干部支持
　　I. 政府的强力支持

附录七 种田农民回乡调查问卷

问卷编号：_____

调查地点：_____

调研对象：_____

调 查 员：_____

调查时间：_____

尊敬的农民朋友：

您好：

非常感谢您愿意接受本次调查。我们因承担国家社会科学研究项目需要，组织了本次调查。在调查中，我们旨在了解您对有关问题的相关看法。本次调查结果主要用于我们的研究工作。您的任何回答都不会对您本人、家庭和所在社区造成不良影响。您的回答也将会被严格保密。请根据您的选择，在相应选项下划"√"，或在____填上适当内容。我们非常感谢您的支持！

一、个人基本资料

1. 您的性别为（　　），有____名家庭成员。

    A. 男性　　　　　B. 女性

2. 您现在的婚姻状况是（　　）。

    A. 已婚　　　　　B. 未婚

3. 您今年____岁，您的文化程度为（　　）。

  A. 小学及以下　　　B. 初中　　　　　C. 高中或中专　　D. 大专及大专以上

4. 您目前政治面貌是(　　)。
  A. 党员　　　　　B. 群众

5. 您目前身份是(　　)。
  A. 村两委干部　　B. 普通村民

二、家庭经济情况

6. 您家里的事情,一般是由(　　)决定。
  A. 自己　　　　　B. 爱人　　　　　C. 父母　　　　　D. 大家一起商量

7. 您的家庭目前人均承包土地(　　)。
  A. 1亩以下　　　B. 1～2亩　　　　C. 2亩以上

8. 您目前种田,主要种的是(　　)。
  A. 粮食作物　　　B. 经济作物　　　C. 蔬菜水果　　　D. 茶叶等林产品

9. 您目前种田,主要为了(　　)
  A. 自吃自用　　　　　　　　　　　B. 出售农产品获得收入
  C. 比较喜欢种田　　　　　　　　　D. 没有其他事情可做

10. 您目前家庭年人均纯收入为____元,与全村其他人相比,(　　)。
  A. 比较好　　　　B. 一般　　　　　C. 比较差

11. 您的收入来源于(　　)(可多选)。
  A. 种植业和养殖业　　　　　　　　B. 外出打工
  C. 土地流转租金　　　　　　　　　D. 个体经营或创办企业

12. 要保障您一年正常开销,大概需要____元,这些通过(　　)(可多选)获得。
  A. 自己从事农业经营　　　　　　　B. 自己打工
  C. 子女给点　　　　　　　　　　　D. 政府低保和新农保

13. 如果子女给钱的话,一年大概给____元。

三、农地经营情况

14. 您现在耕种的土地,包括(　　)(可多选)。
  A. 自己原来的承包地　　　　　　　B. 流转过来一部分

15. 如果转入一部分,是从(　　)转入的。

A. 自己亲友　　　B. 本村村民　　　C. 邻村村民　　　D. 外地

16. 您是否和别人签订了流转合同？（　　）。
   A. 有书面合同　　B. 有口头协议　　C. 没有任何约定

17. 您和（　　）签订的农地流转合同。
   A. 村民　　　　　B. 村干部　　　　C. 村两委　　　　D. 乡镇政府

18. 您转入承包费是每亩____元，与其他人承包费相比，您觉得（　　）。
   A. 比较高　　　　B. 差不多　　　　C. 有点低

19. 您签订的流转合同期限为____年，你觉得期限（　　）。
   A. 有点长　　　　B. 正好　　　　　C. 有点短

20. 以您现在的技术条件和经营能力，您觉得您最多可以经营____亩。

21. 您觉得如果经营规模达到了____亩，收入就和外出打工差不多了。

22. 你（　　）一些地方政府推动的农村土地大规模流转项目。
   A. 听说过　　　　B. 没听说过

23. 你对政府主导型农村土地大规模流转项目（　　）。
   A. 非常支持　　　B. 无所谓　　　　C. 不大赞成

24. 如果您觉得政府主导型农地大规模流转项目很好，主要是因为（　　）（可多选）。
   A. 便于水利灌溉　　　　　　　B. 便于机收机种
   C. 便于病虫害防治　　　　　　D. 增加农民收入

25. 如果您觉得政府主导型农地大规模流转项目不好，主要是因为（　　）（可多选）。
   A. 经营风险太大　　　　　　　B. 不适合本地情况
   C. 群众不支持　　　　　　　　D. 增收效果不明显

26. 您觉得现行的家庭承包经营制度（　　）。
   A. 应继续坚持　　B. 改不改无所谓　C. 需要进行改革

27. 您参加了____个农村专业或合作社农村专业合作组织。

28. 您接受过哪方面的农业技术推广服务？（　　）。
   A. 粮食作物　　　B. 经济作物　　　C. 养殖业
   D. 其他　　　　　E. 没有接受过农机服务

29. 您接受过哪种形式的农技服务？（　）（可多选）。
    A. 专家咨询和培训指导　　　　B. 广播电视讲座
    C. 报刊与宣传资料　　　　　　D. 手机信息

30. 这些服务是由（　）提供的。
    A. 政府农技推广机构　　　　　B. 企业和农资供应商
    C. 专业协会或合作社　　　　　D. 广电媒体报纸杂志

31. 您对农技推广服务所起到的效果（　）。
    A. 满意　　　　B. 基本满意　　　　C. 不满意

32. 您觉得当前农业发展最亟待解决的问题是（　）。
    A. 农业生产成本高　　　　　　B. 农产品价格太低
    C. 农业太苦太累　　　　　　　D. 基础设施不完善

四、农村资金需求情况

33. 您（　）需要向别人借钱的情况。若有,大概借了____元。
    A. 遇到过　　　　B. 没有遇到过

34. 如果需要借钱,主要是因为（　）。
    A. 子女结婚　　　　　　　　　B. 盖房子
    C. 亲属患病急需用钱　　　　　D. 生产经营资金周转

35. 如果需要借钱,您会考虑向（　）借钱。
    A. 银行等正规金融部门　　　　B. 亲戚朋友
    B. 邻居　　　　C. 其他村民　　　　E. 民间借贷

36. 您借钱（　）支付利息。如果支付,那么利率是____。
    A. 需要　　　　B. 不需要

37. 如果别人找你借钱,您会向（　）收取利息,利率是____。
    A. 亲戚朋友　　　B. 邻居　　　C. 本村村民　　　D. 外村村民或企业

五、农村公共生活和对农村公共事务的看法

38. 您（　）粮食直补。如果领了,每亩____元。
    A. 领到过　　　　B. 没有领到过

39. 您对目前粮食直补标准持（　）态度。
    A. 很满意　　　B. 无所谓　　　C. 有点低

40. 您认为自己身体健康状况（　　）。

   A. 非常好　　　　B. 比较好　　　　C. 一般

   D. 比较差　　　　E. 非常差

41. 您（　　）新型农村合作医疗保险。

   A. 参加了　　　　B. 没有参加

42. 如果参加了,您对目前的报销标准感到（　　）。

   A. 很满意　　　　B. 不满意,有些低

43. 您（　　）新农保。如果参加了,缴费标准是每年____元。

   A. 参加了　　　　B. 没有参加

44. 您所希望的养老方式是（　　）。

   A. 靠子女养老　　B. 花自己以前的积蓄　　C. 参加商业保险

   D. 靠政府或集体救助　　　　　　　　　　E. 参加新农保

45. 您有____个孩子,如计划生育政策放开,您打算再要____个孩子。

   如果打算要,主要是因为：_____。

   如果不打算要,主要是因为：_____。

46. 当年龄超过____岁时,您就不打算再种田了。

47. 农忙之余,您怎么打发农闲时间？（　　）。

   A. 打牌打麻将　　B. 听广播看电视　　　C. 串门聊聊天

   D. 参加农村文化活动　　　　　　　　　E. 照看子女的孩子

   F. 其他

48. 您目前信仰状况是（　　）。

   A. 无神论者　　B. 佛教　　　C. 道教　　　D. 天主教

   E. 基督教　　　F. 伊斯兰教　G. 其他

49. 您之所以相信宗教,主要是因为（　　）。

   A. 身体不好　　　　　　　　　　B. 平时比较孤独无聊

   C. 亲友劝说　　　　　　　　　　D. 其他

50. 您已在或者计划在（　　）买房子或者盖房子。

   A. 村里面　　　B. 乡镇　　　C. 县城　　　D. 子女所在的地方

51. 您是否参加过村委会或者人大代表选举？（　　）。

A. 参加过　　　　B. 没有参加过

52. 对于"十八大"这样的国家大事,您(　　)。
    A. 不太关注　　B. 十分关注

53. 对于村里举办的修路、水利建设等公益事业,您(　　)出资。
    A. 愿意　　　　B. 不愿意

54. 村里举行村委会换届选举,您(　　)报名参选。
    A. 愿意　　　　B. 不愿意

55. 村里举行村委会换届选举,您(　　)投票。
    A. 参加了　　　B. 没参加

56. 您觉得平时生活中遇到最开心和最闹心的事情分别是什么?

附录八　新生代农民工回乡调查问卷

问卷编号：_____

调查地点：_____

调研对象：_____

调 查 员：_____

调查时间：_____

尊敬的农民工朋友：

您好！

非常感谢您愿意接受本次调查。我们因承担国家社会科学研究项目和寒假社会实践需要，组织了本次调查。在调查中，我们旨在了解您对有关问题的相关看法。本次调查结果主要用于我们的研究工作。您的任何回答都不会对您本人、家庭和所在社区造成不良影响。您的回答也将会被严格保密。请根据您的选择，在相应选项下划"√"，或在____处填上适当的内容。我们再次感谢您的支持！

一、个人基本情况

1. 您的性别为（　　），有____名家庭成员。

   A. 男性　　　　B. 女性

2. 您的婚姻状况是（　　）。

   A. 已婚　　　　B. 未婚

3. 您今年____岁，您的文化程度为（　　）。

  A. 小学及以下 B. 初中 C. 高中或中专 D. 大专及大专以上

4. 您目前政治面貌是(　　)。
  A. 党员 B. 群众

5. 您目前身份是(　　)。
  A. 村两委干部 B. 普通村民

6. 您觉得您是城市居民,还是农村居民?(　　)。
  A. 城市居民 B. 说不清楚 C. 农村居民

二、家庭经济情况

7. 您家里的事情一般由(　　)决定。
  A. 自己 B. 爱人 C. 父母 D. 大家一起商量

8. 您的家庭目前人均承包土地(　　)。
  A. 1亩以下 B. 1~2亩 C. 2亩以上

9. 您目前家庭年人均纯收入____元,与全村其他人相比(　　)。
  A. 比较好 B. 一般 C. 比较差

10. 您的收入来源于(　　)(可多选)。
  A. 种植业和养殖业收入 B. 外出打工收入
  C. 土地承包费收入 D. 个体经营或创办企业收入

11. 您已在或者计划在(　　)买房子或者盖房子。
  A. 打工的地方 B. 县城 C. 乡镇 D. 村里面

12. 您以后还打算回来吗?(　　)。
  A. 不回来了 B. 回来继续打工或者做点生意
  C. 回来从事农业

13. 您如果不愿意从事农业,主要是因为(　　)。
  A. 不懂农业技术 B. 农业不赚钱 C. 农业太苦太累 D. 搞农业太丢人

14. 如果从事农业年收入能达到____元,您愿意从事农业。

三、在外打工工作情况

15. 您第一次外出打工在____年前,第一份工作是通过(　　)得知的。
  A. 亲友熟人介绍 B. 职业介绍部门 C. 劳动就业市场 D. 报纸或街头广告

16. 您目前(　　)。如果外出了,在____打工。
    A. 在外地打工　　B. 在本地打工　　C. 没有出去打工

17. 您的爱人目前(　　)。如果外出了,在____打工。
    A. 和自己不在一个地方打工　　　B. 和自己在同个地方打工
    C. 没有出去打工

18. 您目前所从事的行当属于(　　)。
    A. 制造业　　B. 建筑业　　C. 服务业
    若为其他,请列举_____

19. 您去那里打工,主要是因为(　　)。
    A. 有亲友熟人在那里　　　B. 工资高
    C. 工作生活环境好　　　　D. 距离家比较近

20. 您平均月工资为(　　)。
    A. 2000元以下　　B. 2000～3000元　　C. 3000～4000元
    D. 4000～5000元　　E. 5000元以上

21. 您觉得这样的工资对您来说(　　)。
    A. 很满意　　B. 都差不多,无所谓　　C. 不满意

22. 您现在有____个孩子,如果计划生育政策放开您还打算要____个孩子。
    如果打算要,主要是因为:_____。
    如果不打算要,主要是因为:_____。

23. 您的孩子(　　),您平均每月给孩子零花钱____元。
    A. 在家交给父母或岳父岳母照看　　B. 自己带在身边

24. 您最关心孩子的____问题,最担心父母的____问题。

25. 父母孩子如果不在一起,平时您一般通过(　　)与他们联系。
    A. 写信　　B. 电话　　C. 手机　　D. 网络视频

26. 您是否打算把孩子带到打工的地方去上学?(　　)。
    A. 打算　　B. 不打算

27. 如果不打算,主要是因为(　　)。
    A. 学费太贵　　B. 生活不习惯　　C. 没人照看孩子

28. 父母目前（　　），您平均每月给他们____元养老钱。

　　A. 在家带孩子　　B. 和自己一起在外地

29. 正常情况下，您每年回来____次，每次大概在家待____天。

30. 您在当地打工____年了。在当地有朋友吗？（　　）。

　　A. 有　　　　　　B. 没有

31. 您（　　）工作。如果换过的话，您换过____个工作。

　　A. 换过　　　　　B. 没换过

三、在外打工生活情况

32. 您在当地住宿是（　　）。如果是租住，每月房租____元。

　　A. 单位安排的　　B. 和别人合租的

　　C. 自己单租的　　D. 自己买的

33. 工作之余，您通过（　　）打发空闲时间。

　　A. 打牌打麻将　　　　　　B. 去逛街或者找老乡玩玩

　　C. 读书看报　　　　　　　D. 上网或者看电影

34. 如果在当地遇到了什么事情，您一般会去找（　　）。

　　A. 政府　　　B. 单位　　　C. 同事　　　D. 当地亲友

35. 您在当地居委会或者人大代表选举是否参加过（　　）。

　　A. 参加过　　　B. 没有参加过

36. 对于"十八大"这样的国家大事，您（　　）。

　　A. 不太关注　　B. 十分关注

37. 您所打工的单位成立了以下哪些组织？（　　）。

　　A. 党组织　　B. 团组织　　C. 工会组织　　D. 不知道情况

38. 如果您是党团员，您是否参加过单位党团组织的活动？（　　）。

　　A. 参加过　　　B. 没参加过

39. 您是否参加过所在单位的民主管理活动？（　　）。

　　A. 参加过　　　B. 没有

40. 您是否遇到过需要加班的事情？（　　）。

　　A. 遇到过　　　B. 没有

41. 如果加班了,有加班工资吗?(　　)。
    A. 有　　　　　　B. 没有

42. 您加入的医疗保险是(　　)。
    A. 城镇职工医保　B. 城镇居民医保　C. 新农合
    D. 商业保险　　　E. 没有

43、您认为自己目前的身体健康状况(　　)。
    A. 非常好　　　　B. 比较好　　　　C. 一般
    D. 比较差　　　　E. 非常差

44. 您加入的养老保险是(　　),缴费标准是每年____元。
    A. 城镇居民养老保险　　　　B. 新型农村养老保险
    C. 商业保险

45. 您所希望的养老方式是(　　)。
    A. 靠子女养老　　B. 花自己以前的积蓄　C. 参加商业保险
    D. 靠政府或集体救助　　　　　　　　E. 参加新农保

四、对于农地流转的看法

46. 您觉得现行的家庭承包经营制度(　　)。
    A. 不错,应继续坚持　　　　B. 改不改无所谓
    C. 需要进行改革

47. 您承包的土地(　　)。
    A. 全部流转了　B. 大部分流转了　C. 小部分流转了　D. 没有流转出去

48. 如果流转出去了,主要是流转给了(　　)。
    A. 亲戚朋友　　B. 村里的熟人　　C. 企业
    D. 合作社　　　E. 种植大户

49. 您和谁签订的农地流转合同?(　　)。
    A. 村两委　　　B. 乡镇政府　　　C. 作为转入方的企业或合作社

50. 您签订的流转合同期限为____年,你觉得期限(　　)。
    A. 太长了　　　B. 正好　　　　　C. 有点短

51. 您转出租金是每亩____元,与其他人的流转价格相比,您觉得价格(　　)。
    A. 很满意　　　B. 都差不多,无所谓

C. 不满意,有点低了

52. 如果流转给亲戚朋友,您打算每亩收取承包费____元,如果流转给村里的其他人,您打算每亩收取承包费____元。

53. 你是否听说过一些地方政府推动的农村土地大规模流转项目?(　　)。

  A. 听说过   B. 没听说过

54. 你是否认同并支持政府主导型农地大规模流转项目?(　　)。

  A. 非常支持 B. 无所谓 C. 不大赞成。

55. 如果您觉得政府主导型农地大规模流转项目很好,主要是因为(　　)(可多选)。

  A. 便于水利灌溉   B. 便于机收机种

  C. 便于病虫害防治   D. 增加农民收入

56. 如果您觉得政府主导型农地大规模流转项目不好,主要是因为(　　)(可多选)。

  A. 经营风险太大   B. 不适合本地情况

  C. 群众不支持   D. 增收效果不明显

参 考 文 献

Alberto P, Douglas S M, Miguel C, Kristin E, Michael S, 2001. Social capital and international migration a test using information on family networks[J]. American Journal of Sociology,106(5):1262-1298.

Bian Y, 1997. Bringing strong ties back in: Indirect ties, network bridges, and job searches in China[J]. American Sociological Review, 62(3):366-385.

Binswanger H P, 2009. Power, distortions, revolt, and reform in agricultural land relations [M]. Washington DC: World Bank Publications:235-167.

Cheung S N S, 1968. Private property rights and sharecropping[J]. Journal of Political Economy, 76(6):1107-1122.

Emigh R J, 1997. The spread of sharecropping in tuscany: The political economy of transaction costs[J]. American Sociological Review, 62(3):423-442.

Feder G, Onchan T, 1987. Land ownership security and farm investment in thailand[J]. American Journal of Agricultural Economics, 69(2):311-320.

Femenia F, Gohin A, Carpentier A, 2010. The decoupling of farm programs: Revisiting the wealth effect[J]. American Journal of Agricultural Economics, 92(3):836-848.

George K, 1961. On the so-called wealth effect[J]. The Review of Economics and Statistics,43(1):59-60.

Granovetter M, 1973. The strength of weak ties[J]. Social Networks, 78(6): 1360-1380.

Granovetter M, 1985. Economic action and social structure: The problem of embeddedness[J]. American Journal of Sociology, 91(3):481-510.

Harris J R, Todaro M P, 1970. Migration, unemployment and development: A two-sector analysis[J]. American Economic Review, 60(1):126-142.

Jacoby H G, Li G, Rozelle S, 2002. Hazards of expropriation: Tenure insecurity and investment in rural China[J]. American Economic Review, 92(5):1420-1447.

Jacqueline A, Richard U, 1999. Gender differences in the incidence of rural to urban migration: Evidence from Kenya[J]. Journal of Development Studies, 35(6):36-58.

Jin S Q, Klaus D, 2006. Land rental markets in the process of rural ructural transformation: Productivity and equity impacts from China[M]. Washington: World Bank Research Department.

Juster F T, Lupton J P, Smith J P, et al, 2006. The decline in household saving and the wealth effect[J]. Review of Economics & Statistics, 88(1):20-27.

Kahneman D, Tversky A, 1979. Prospect theory: An analysis of decision under risk[J]. Econometrica, 47(2):263-291.

Kornai J, Maskin E, Roland G, 2003. Understanding the soft budget constraint [J]. Journal of Economic Literature,41(4):1095-1136.

Krugman P, 1994. The myth of asia's miracle[J]. Foreign Affairs, 73(6): 62-78.

Laffont J J, Matoussi M S, 1995. Moral hazard, financial constraints and sharecropping in el oulja[J]. Review of Economic Studies, 62(3):381-399.

Levien M, 2015. Social capital as obstacle to development: Brokering land, norms, and trust in rural india[J]. World Development: 74-77.

Lin J Y, 1989. An economic theory of institutional change: Induced and imposed change[J]. Cato Journal, 9(1):1-33.

Lin J Y, 1992. Rural reforms and agricultural growth in China[J]. American Economic Review, 82(1):34-51.

Lin J Y, 2000. Collectivization-China's agricultural crisis in 1959—1961. [J]. Journal of Comparative Economics, 17(6):1228-1252.

Macmillan D C, 2000. An economic case for land reform[J]. Land Use Policy, 17(1):49-57.

Oi J C, 1992. Fiscal reform and the economic foundations of local state corporatism in China[J]. World Politics, 45(1):99-126.

Pfeffer M J, Parra P A, 2010. Strong ties, weak ties, and human capital: Latino immigrant employment outside the enclave[J]. Rural Sociology, 74(2):241-269.

Ronald H C, 1960. The problem of social cost[J]. Journal of Law and Economics (3):1-44.

Rosenzweig M R, 1980. Neoclassical theory and the optimizing peasant: An econometric analysis of market family labor supply in a developing country[J]. Quarterly Journal of Economics, 94(1):31-55.

Rozelle S, 1994. Decision-making in China's rural economy: The linkages between village leaders and farm households[J]. China Quarterly, 137(137):99-124.

Sen A K, 1966. Labour allocation in a cooperative enterprise[J]. Review of Economic Studies, 33(4):361-371.

Shaban R A, 1987. Testing between competing models of sharecropping[J]. Journal of Political Economy, 95(5):893-920.

Todaro M P, 1969. A model of labor migration and urban unemployment in less developed countries[J]. American Economic Review, 59(1):138-148.

Todaro M P, 1970. Labor migration and urban unemployment[J]. American Economic Review, 60(1):187-188.

Walder A G, 1995. Local governments as industrial firms: An organizational analysis of China's transitional economy[J]. American Journal of Sociology, 101(2):263-301.

Walgrave S, Wouters R, 2014. The missing link in the diffusion of protest: Asking others. [J]. American Journal of Sociology, 119(6):1670-1709.

Wells M J, 1984. The resurgence of sharecropping: Historical anomaly or political strategy? [J]. American Journal of Sociology, 90(1):1-29.

Young A, 1995. The tyranny of numbers: Confronting the statistical realities of the east asian growth experience[J]. Quarterly Journal of Economics, 110(3):641-680.

Yujiyo H, Vernon W, Ruttan, 1985. Agricultural development: An international perspective[M]. Baltimore: Johns Hopkins University Press.

C·约翰逊,1988.日本经济奇迹的推动者[J].经济社会体制比较(4):57-59.

白菊红,袁飞,2003.农民收入水平与农村人力资本关系分析[J].农业技术经济(1):16-18.

参考文献

边燕杰,王文彬,张磊,等,2012.跨体制社会资本及其收入回报[J].中国社会科学(2):110-126.

曹锦清,2009.土地家庭承包制与土地私有化[J].华中科技大学学报:社会科学版(1):6-7.

曹殊,2011.密切党群干群关系的障碍与途径[J].中共中央党校学报(5):72-75.

常伟,2010.农地大规模流转模式探析[J].农村工作通讯(14):28-29.

常伟,2011.农产品价格异常波动的机理分析与对策探讨[J].价格理论与实践(3):23-24.

常伟,2013.留守农民种田行为研究:基于安徽的实证分析[J].中国农业资源与区划(6):192-197.

常伟,2013.农民工大规模外出的经济增长效应研究[J].中国人口·资源与环境,(10):141-145.

常伟,2014.强关系的价值:基于安徽农地流转的实证研究[J].统计与信息论坛(9):98-103.

常伟,2015.农地大规模流转期限认知行为研究:基于安徽省1010个样本农户的实证分析[J].农村经济(2):37-41.

常伟,2016.农村资金互助合作组织风险防控问题研究[J].中州学刊(2):38-42.

常伟,梅莹,李晨婕,2014.政府主导型农地流转模式研究[J].宿州学院学报(2):1-4.

常伟,陈忠玲,王冲,2016.计生政策调整的人口数量效应与结构效应考察[J].统计与决策(19):89-93.

常伟,李梦,2015.农地大规模流转中的风险及其防范化解[J].湖南社会科学(5):83-87.

陈超,任大廷,2011.基于前景理论视角的农民土地流转行为决策分析[J].中国农业资源与区划(2):18-21.

陈浩,王佳,2016.社会资本能促进土地流转吗:基于中国家庭追踪调查的研究[J].中南财经政法大学学报(1):21-29.

陈和午,聂斌,2006.农户土地租赁行为分析:基于福建省和黑龙江省的农户调查[J].中国农村经济(2):42-48.

陈怀远,2010.我国农村土地承包经营权流转市场化运行机制研究:基于对安徽省部分市县的调研[J].江淮论坛(1):14-19.

陈慧荣,2014.发展型地方政府、村干部企业家与土地流转:基于山东N县土地流转实践的考察[J].中国农村观察(1):64-70.

陈靖,2013.村社理性:资本下乡与村庄发展:基于皖北T镇两个村庄的对比[J].中国农业大学学报:社会科学版(3):31-39.

陈珏宇,姚东旻,洪嘉聪,2012.政府主导下的土地流转路径模型:一个动态博弈的视角[J].经济评论(2):5-15.

陈玲,王晓丹,赵静,2010.发展型政府:地方政府转型的过渡态:基于沪、苏、锡的海归创业政策案例调研[J].公共管理学报(3):47-51.

陈荣卓,陈鹏,2013.现代农业进程中的农民土地权益保障机制建设:基于豫中L市涉农企业参与农地流转的调查[J].华中农业大学学报:社会科学版(5):55-60.

陈锡文,2001.关于我国农村的村民自治制度和土地制度的几个问题[J].经济社会体制比较(5):13-19.

陈永志,黄丽萍,2009.农地使用权流转与社会主义新农村建设[J].学海(3):108-113.

程昆,潘朝顺,黄亚雄,2006.农村社会资本的特性、变化及其对农村非正规金融运行的影响[J].农业经济问题(6):31-35.

程令国,张晔,刘志彪,2016.农地确权促进了中国农村土地的流转吗?[J].管理世界(1):88-98.

崔明明,常伟,2012.农村土地流转:公共选择与政府参与[J].兰州学刊(4):122-127.

大卫·李嘉图,2005.政治经济学及赋税原理[M].周洁,译.北京:华夏出版社.

道格拉斯·诺斯,1994.制度、制度变迁与经济绩效[M].上海:上海三联书店.

邓大才,2001.乡级政府该撤了[J].中国国情国力(3):36-37.

杜培华,欧名豪,2008.农户土地流转行为影响因素的实证研究:以江苏省为例[J].国土资源科技管理(1):53-56.

范爱军,2003.中国农业现代化的关键一步:提高农业耕作规模[J].山东大学学报:哲学社会科学版(3):148-151.

封铁英,杨洲,2013.引入土地流转因素的新型农村社会养老保险基金预测[J].数量经济技术经济研究(6):3-18.

冯小,2014.资本下乡的策略选择与资源动用:基于湖北省S镇土地流转的个案分析[J].南京农业大学学报:社会科学版(1):36-42.

弗兰克·艾利斯,2006.农民经济学:农民家庭农业和农业发展[M].胡景北,译.上海:上海人民出版社.

付江涛,纪月清,胡浩,2016.新一轮承包地确权登记颁证是否促进了农户的土地流转:来自江苏省3县(市、区)的经验证据[J].南京农业大学学报:社会科学版(1):105-113.

高海秀,句芳,2016.基于多分类Logistic模型的农牧户土地流转行为影响因素[J].系统工程(7):153-158.

高王凌,2006.人民公社时期中国农民"反行为"调查[M].北京:中共党史出版社.

郜亮亮,2014.中国农地流转发展及特点:1996~2008年[J].农村经济(4):51-54.

葛莉萍,2015.农民对粮食直接补贴的满意度及影响因素研究:基于安徽田野调查实证分析[J].西安建筑科技大学学报:社会科学版(1):25-30.

谷小勇,张德元,2013.农地向企业大规模流转的隐忧及政策矫正建议[J].中国土地科学(12):7-11.

郭亮,2011.资本下乡与山林流转:来自湖北S镇的经验[J].社会(3):114-137.

哈罗德·德姆塞茨,1999.所有权、控制与企业[M].北京:经济科学出版社.

韩俊,1998.土地政策:从小规模均田制走向适度规模经营[J].调研世界(5):8-9

贺莉,付少平,2014.资本下乡对灾害移民生计的影响:以邛崃市南宝山安置点为个案[J].中国农业大学学报:社会科学版(4):28-37.

贺雪峰,2000.论半熟人社会:理解村委会选举的一个视角[J].政治学研究(3):61-69.

贺雪峰,2010.地权的逻辑:中国农村土地制度向何处去[M].北京:中国政法大学出版社.

贺雪峰,2011.论农地经营的规模:以安徽繁昌调研为基础的讨论[J].南京农业大学学报:社会科学版(2):6-14.

侯建昀,刘军弟,霍学喜,2016.专业化农户农地流转及其福利效应:基于1079个苹果种植户的实证分析[J].农业技术经济(3):45-55.

侯江华,2015.资本下乡:农民的视角:基于全国214个村3203位农户的调查[J].华中农业大学学报:社会科学版(1):81-87.

侯江华,郝亚光,2015.资本下乡:农民需求意愿的假设证伪与模型建构:基于全国214个村3183个农户的实证调查[J].农村经济(3):64-68.

胡爱华,2016.我国城镇化进程中的农村土地流转障碍因素和金融支持策略[J].改革与战略(2):93-95.

黄丽萍,2005.农村承包地使用权流转价格低廉的原因探讨[J].农业经济问题(8):39-42.

黄丽萍,2009.东南沿海农地承包经营权连片流转探析:基于浙江、福建和广东三省的调查[J].农业经济问题(8):71-77.

黄涛,孙慧,2016.中国土地流转制度设计和模式优化研究[J].改革与战略(6):29-32.

黄祥芳,陈建成,陈训波,2014.地方政府土地流转补贴政策分析及完善措施[J].西北农林科技大学学报:社会科学版(2):1-6.

黄延信,张海阳,李伟毅,等,2011.农村土地流转状况调查与思考[J].农业经济问题(5):4-9.

黄宗智,1986.华北的小农经济与社会变迁[M].北京:中华书局.

黄祖辉,王朋,2008.农村土地流转:现状、问题及对策:兼论土地流转对现代农业发展的影响[J].浙浙江大学学报:人文社会科学版(2):38-47.

纪明波,周云峰,陈印军,2009.安徽省农村耕地流转的调查研究[J].中国农业资源与区划(6):20-24.

江永红,于婷婷,2016.土地流转下的建筑业发展与农民增收悖论[J].福建论坛:人文社会科学版(5):31-38.

姜晓萍,衡霞,2011.农村土地使用权流转中农民权利保障机制研究[J].政治学研究(6):65-73.

蒋培,冯燕,2015.农业规模化经营的社会基础分析[J].西北农林科技大学学报:社会科学版(1):128-134.

蒋云贵,2013.基于渠道权力平衡的工商资本下乡路径研究:兼论渠道主体违约风险防范[J].江汉论坛(7):104-108.

金松青,2004.中国农村土地租赁市场的发展及其在土地使用公平性和效率性上的含义[J].经济学(3):1003-1028.

阚立娜,李录堂,文龙娇,2014.基于农地产权比例化市场流转的农户流转意愿研究[J].农村经济(10):27-32.

科尔奈,1986.短缺经济学[M].北京:经济科学出版社.

黎东升,刘小乐,2016.我国农村土地流转创新机制研究:基于政府干预信息披露的博弈分析[J].农村经济(2):39-43.

李昌平,2009.土地农民集体所有制之优越性:与越南之比较[J].华中科技大学学报:社会科学版(1):11-14.

李嘉晓,秦宏,罗剑朝,2005.财政对农业投资的理论阐析与行为优化[J].经济问题探索(8):40-43.

李菁,欧良锋,2014.买方市场、农地产权冲突与大规模农地流转困境:以安徽省五河县訾湖村为例[J].农村经济(6):31-35.

李瑞琴,2015.耕地可得性、规模经营与农户大田种植收入[J].宏观经济研究(1):95-102.

李太平,聂文静,李庆,2015.基于农产品价格变动的土地流转双方收入分配研究[J].中国人口.资源与环境(8):26-33.

李小静,2016.新型城镇化视角下我国农村土地流转问题探析[J].改革与战略(3):108-110.

李新仓,于立秋,2016.农村剩余劳动力转移与土地流转的关联性研究:基于辽宁的实证调研[J].改革与战略(11):112-115.

李燕琼,2007.我国传统农业现代化的困境与路径突破[J].经济学家(5):61-66.

李永安,2016.社会生态交易成本视角下的农村土地流转问题探讨[J].改革与战略(7):41-45.

李越,崔红志,2014."新农保"参保决策制约因素分析[J].中国农业大学学报(2):224-232.

刘凤芹,2006.农业土地规模经营的条件与效果研究:以东北农村为例[J].管理世界(9):71-79.

刘林平,2001.外来人群体中的关系运用:以深圳平江村为个案[J].中国社会科学(5):112-124.

刘民权,2002.农业的持续增长与城市化:对台湾地区和中国大陆"农地整治方案"的一些思考[J].经济学(1):455-484.

刘明兴,徐志刚,刘永东,等,2008.农村税费改革、农民负担与基层干群关系改善之道[J].管理世界(9):82-89.

刘涛,2003.遵循市场经济规律,促进农村土地流转[J].中国农业资源与区划(6):34-37.

刘宪法,2011.台湾农地重划制度及其对中国大陆的启示[J].中国农村经济(11):82-91.

刘晓英,2008.地方政府主导型发展模式对就业的影响[J].中州学刊(2):54-56.

刘晓昀,辛贤,2003.中国农村劳动力非农就业的性别差异[J].经济学,2(3):711-720.

刘友凡,2001.稳定承包权放活经营权:湖北省黄冈市农村土地流转情况的调查[J].中国农村经济(10):19-22.

刘玥汐,许恒周,2016.农地确权对农村土地流转的影响研究:基于农民分化的视角[J].干旱区资源与环境 30(5):25-29.

陆继霞,何倩,2016.生计视角下农户土地流转意愿及影响因素分析:基于河南省某县龙村的实地调查[J].农村经济(2):39-43.

陆文荣,卢汉龙,2013.部门下乡、资本下乡与农户再合作:基于村社自主性的视角[J].中国农村观察(2):44-56.

罗必良,2000.农地规模经营的效率决定[J].中国农村观察(5):18-24.

吕亚荣,王春超,2012.工商业资本进入农业与农村的土地流转问题研究[J].华中师范大学学报:人文社会科学版(4):62-68.

马九杰,2013."资本下乡"需要政策引导与准入监管[J].中国党政干部论坛(3):31.

马克思,1975.资本论[M].北京:人民出版社.

马晓河,崔红志,2002.建立土地流转制度,促进区域农业生产规模化经营[J].管理世界(11):63-77.

马志远,孟金卓,韩一宾,2011.地方政府土地流转补贴政策反思[J].财政研究(3):10-14.

曼昆,2009.经济学原理[M].梁小民,译.北京:北京大学出版社.

梅福林,2006.我国农村土地流转的现状与对策[J].统计与决策(19):46-48.

倪国华,郑风田,2012.粮食安全背景下的生态安全与食品安全[J].中国农村观察(4):52-58.

倪羌莉,2007.非农就业对我国今后农地经营制度的影响.[D].南京:南京农业大学.

聂建亮,钟涨宝,2013.土地流转的策略选择与资源动用:基于对云南省W村的个案调查[J].南京农业大学学报:社会科学版(2):101-107.

宁泽逵,2006.村干部激励因素贡献分析:基于陕西省渭北地区W县的调查数据[J].中国软科学(10):32-40.

配第,1981.配第经济著作选集[M].北京:商务印书馆.

彭代彦,张卫东,2003.农村税费改革与村级组织运行[J].中国农村经济(12):28-35.

彭宇文,2012.农村人力资本形成的家庭收入结构影响因素探析:以中部地区农村为例[J].湖南社会科学(3),129-131.

齐顾波,胡新萍,2006.草场禁牧政策下的农民放牧行为研究:以宁夏盐池县的调查为例[J].中国农业大学学报:社会科学版(2):12-16.

恰亚诺夫,2006.农民经济组织[M].萧正洪,译.北京:中央编译出版社.

钱忠好,2003.农地承包经营权市场流转的困境与乡村干部行为:对乡村干部行为的分析[J].中国农村观察(2):10-13.

青木昌彦,2002.比较制度分析[M].周黎安,译.上海:上海远东出版社.

邱子平,钟福伦,刘乐琼,2001.土地流转的现状与思考[J].农村经济(11):18-19.

曲福田,陈海秋,杨学成,2001.经济发达地区农村土地30年使用权政策的调查研究:以江苏省为例[J].农业经济问题(4):17-25.

人行巢湖市中心支行课题组,秦传胜,2009.农村土地流转相关问题研究:以安徽巢湖市为例[J].江淮论坛(2):161-165.

任治君,1995.中国农业规模经营的制约[J].经济研究(6):54-58.

尚旭东,常倩,王士权,2016.政府主导农地流转的价格机制及政策效应研究[J].中国人口·资源与环境(8):116-124.

邵沁妍,2011.新时期干群关系问题研究[J].科学社会主义(6):65-67.

邵书慧,2005.农村土地流转动力机制初探[J].党史文苑(12):53-55.

申静,陈静,2001.村庄的"弱监护人":对村干部角色的大众视角分析:以鲁南地区农村实地调查为例[J].中国农村观察(5):53-61.

申云,朱述斌,邓莹,等,2012.农地使用权流转价格的影响因素分析:来自农户和区域水平的经验[J].中国农村观察(3):2-17.

司考特·罗泽尔,李建光,1992.中国经济改革中的村干部经济行为[M]北京:经济管理出版社.

苏群,汪霏菲,陈杰,2016.农户分化与土地流转行为[J].资源科学(3):377-386.

速水佑次郎,弗农·拉坦,2000.农业发展的国际分析[M].郭熙保,张进铭,译.北京:中国社会科学出版社.

孙沛东,徐建牛,2009.从奇迹到危机:发展型政府理论及其超越[J].广东社会科学(2):173-178.

孙钫,2014.农业补贴政策收入分配效应的实证分析:以黑龙江省为例[J].学习与实践(10):53-60.

孙少岩,2007.从制度经济学角度分析土地流转[J].税务与经济(1):6-10.

孙新华,2012.土地流转与农户家计:两种流转模式的比较:基于江西省T村的实证调查[J].贵州社会科学(4):77-83.

孙月蓉,代晨,2015.中国农地资本化流转风险分析[J].经济问题(5):107-110.

谭明智,2014.严控与激励并存:土地增减挂钩的政策脉络及地方实施[J].中国社会科学(7):125-142.

谭淑豪,曲福田,尼克·哈瑞柯,2003.土地细碎化的成因及其影响因素分析[J].中国农村观察(6):24-30.

田传浩,陈宏辉,贾生华,2005.农地市场对耕地零碎化的影响:理论与来自苏浙鲁的经验[J].经济学(2):769-784.

田传浩,贾生华,2004.农地制度、地权稳定性与农地使用权市场发育:理论与来自苏浙鲁的经验[J].经济研究(1):112-119.

田传浩,曲波,贾生华,2004.农地市场与地权配置:国际经验及其启示[J].江苏社会科学(4):64-68.

田先红,陈玲,2013."阶层地权":农村地权配置的一个分析框架[J].管理世界(9):69-88.

田先红,陈玲,2013.地租怎样确定:土地流转价格形成机制的社会学分析[J].中国农村观察(6):2-12.

田先红,陈玲,2013.农地大规模流转中的风险分担机制研究[J].中国农业大学学报:社会科学版(4):40-47.

涂圣伟,2014.工商资本下乡的适宜领域及其困境摆脱[J].改革(9):73-82.

王宾,赵阳,2006.农村税费改革对中西部乡镇财力影响的实证研究:基于4省8县抽样调查数据的分析[J].管理世界(11):82-89.

王德福,桂华,2011.大规模农地流转的经济与社会后果分析[J].华南农业大学学报:社会科学版,2011(2):13-22.

王恒,2015.城镇化进程中农村土地流转的政策分析[J].宏观经济研究(3):70-75.

王景新,2001.新形势下赋予农民长期而有保障的土地使用权尤为重要[J].中国农村经济(10):4-10.

王敏琴,费灿亚,2016.土地流转过程中家庭农场持续经营意愿研究:基于无锡地区348家家庭农场的调查[J].农村经济(9):25-30.

王思斌,2005.村干部权力竞争解释模型之比较:兼述村干部权力的成就型竞争[J].北京大学学报:哲学社会科学版(3):119-128.

王兴稳,钟甫宁,2008.土地细碎化与农用地流转市场[J].中国农村观察(4):29-34;80.

王振波,方创琳,王婧,2012.城乡建设用地增减挂钩政策观察与思考[J].中国人口

·资源与环境(1):96-102.

王征兵,2004.村干部合法收入标准的确定:以陕西省兴平市西吴镇为例[J].中国农村经济(10):76-80.

王征兵,宁泽逵,2009.村干部激励因素贡献分析:以陕西省长武县为例[J].中国农村观察(1):51-57.

韦星,2014."哄抢"合作社迷局调查[J].南风窗(25):54-57.

温铁军,2008.对改革开放30年来农村改革的三个思考[J].税务研究(12):3-6.

吴萌,甘臣林,任立,等,2016.分布式认知理论框架下农户土地转出意愿影响因素研究[J].中国人口·资源与环境(9):62-71.

吴萍,蒲勇健,郭心毅,2010.基于社会保障的土地流转定价模型研究[J].财政研究(9):18-20.

吴云峰,2009.慎谈农村土地的大规模流转:以农村人多地少的基本矛盾为视角[J].社会科学战线(10):81-87.

吴云青,罗倩,密长林,等,2016.农民农地转出意愿及影响因素的性别差异[J].中国人口·资源与环境(6):69-94.

西奥多·W·舒尔茨,1987.改造传统农业[M].梁小民,译.北京:商务印书馆.

肖唐镖,2006.什么人在当村干部:对村干部社会政治资本的初步分析[J].管理世界(9):64-70.

谢培秀,张谋贵,2012.安徽农地承包经营权规模化流转调查与思考[J].中国乡村发现(4):93-96.

谢小芹,简小鹰,2014.国家项目地方实践的差异性表达及成因分析:基于西部和中部两村庄的比较研究[J].南京农业大学学报:社会科学版(1):28-35.

谢学鹏,2013.政府主导型的农地大规模流转研究:基于转出方的视角.[D].合肥:安徽大学.

徐美银,2016.农民工市民化与农村土地流转的互动关系研究[J].社会科学(1):42-51.

徐勇,2001.村民自治、政府任务及税费改革[J].中国农村经济(11):27-34.

徐勇,2003.乡村治理结构改革的走向:强村、精乡、简县[J].战略与管理(4):90-97.

徐珍源,孔祥智,2010.转出土地流转期限影响因素实证分析:基于转出农户收益与风险视角[J].农业技术经济(7):30-40.

许恒周,郭忠兴,2011.农村土地流转影响因素的理论与实证研究:基于农民阶层分化与产权偏好的视角[J].中国人口.资源与环境(3):94-98.

许庆,尹荣梁,章辉,2011.规模经济、规模报酬与农业适度规模经营:基于我国粮食生产的实证研究[J].经济研究(3):59-71.

亚当·斯密,1972.国民财务的性质和原因的研究[M].北京:商务印书馆.

杨公齐,2013.农地使用权转让价格与农村社会转型[J].经济社会体制比较(2):55-64.

杨华,2011.大规模土地流转能否保障粮食安全[J].中国乡村发现(2):26-29.

姚洋,2000.集体决策下的诱导性制度变迁:中国农村地权稳定性演化的实证分析[J].中国农村观察(2):11-19;80.

姚洋,2004.土地、制度和农业发展[M].北京:北京大学出版社.

易小燕,陈印军,王勇,等.耕地流转中的"非粮化"问题研究[N].农民日报,2012-02-14.

于传岗,2009.农业现代化进程中我国农村土地流转综合改革的新思维[J].农业经济(1):23-26.

于传岗,2011.我国地方政府主导型土地流转模式、流转成本与治理绩效分析[J].农业经济(7):49-50.

于传岗,2011.我国农村土地流转方式、流转成本与治理绩效分析[J].江汉论坛(6):82-87.

于传岗,2012.我国政府主导型农地大规模流转演化动力分析[J].农村经济(10):31-34.

于传岗,2012.政府主导型农地流转模式特征与演化趋势[J].商业研究(12):186-192.

于传岗,2013.农村集体土地流转演化趋势分析:基于政府主导型流转模式的视角[J].西北农林科技大学学报:社会科学版(5):10-21.

郁建兴,高翔,2012.地方发展型政府的行为逻辑及制度基础[J].中国社会科学(5):95-112.

郁建兴,徐越倩,2004.从发展型政府到公共服务型政府:以浙江省为个案[J].马克思主义与现实(5):65-74.

翟学伟,2003.社会流动与关系信任:也论关系强度与农民工的求职策略[J].社会学研究(1):1-11.

翟研宁,2013.农村土地承包经营权流转价格问题研究[J].农业经济问题(11):82-86.

翟研宁,梁丹辉,2013.传统农区农户土地转出行为影响因素分析[J].南京农业大学学报:社会科学版(3):78-83.

詹姆斯·C·斯科特,2011.弱者的武器[M].江苏:译林出版社.

张存根,1994.中国羊毛产业现状及发展前景[J].农业经济问题 15(8):12-18.

张德元,2002.赋予农民土地持有权:培育农村土地流转市场[J].财政研究(5):48-50.

张汉,2014."地方发展型政府"抑或"地方企业家型政府":对中国地方政企关系与地方政府行为模式的研究述评[J].公共行政评论,7(3):157-175.

张红宇,姚咏涵,2002.农村土地使用制度变迁:阶段性、多样性与政策调整[J].农业经济问题(3):28-30.

张会萍,胡小云,惠怀伟,2016.土地流转背景下老年人生计问题研究:基于宁夏银北地区的农户调查[J].农业技术经济(3):56-67.

张建杰,2008.粮食主产区农户粮作经营行为及其政策效应[J].中国农村经济(6):46-54.

张锦华,刘进,许庆,2016.新型农村合作医疗制度、土地流转与农地滞留[J].管理世界(1):99-109.

张兰,冯淑怡,曲福田,2014.农地流转区域差异及其成因分析[J].中国土地科学(5):73-80.

张乃侠,赵莉,韩晓宇,2012.陕西农村农地流转的影响因素及政策建议[J].中国社会科学院研究生院学报(4):28-32.

张维,2005.证券市场风险与存在性关系分析[J].求索(11):29-31.

张文秀,李冬梅,邢殊媛,等,2005.农户土地流转行为的影响因素分析[J].重庆大学学报:社会科学版(1):14-17.

张五常,2000.经济解释:张五常经济论文集[M].北京:商务印书馆.

张秀珍,2007.对社会学视角下农村党群干群关系的思考[J].东岳论丛(5):90-92.

张永强,高延雷,王刚毅,等,2016.黑龙江省土地转出行为分析:基于13个地市47个村的调研数据[J].农业技术经济(3):68-74.

张云华,2012.我国农地流转的情况与对策[J].中国国情国力(7):4-7.

张照新,2002.中国农村土地流转市场发展及其方式[J].中国农村经济(2):19-24.

张志华,2012.我国农地流转的市场化机制构建研究[J].中国物价(6):32-34.

赵佳,姜长云,2013.农民专业合作社的经营方式转变与组织制度创新:皖省例证

[J].改革(1):82-92.

赵智,郑循刚,李冬梅,2016.土地流转、非农就业与市民化倾向:基于四川省农业转移人口的调查分析[J].南京农业大学学报:社会科学版(4):90-99.

郑有贵,2010.构建新型工农、城乡关系的目标与对策[J].教学与研究(4):5-14.

钟文晶,罗必良,2014.契约期限是怎样确定的:基于资产专用性维度的实证分析[J].中国农村观察(4):42-51.

周其仁,1995.中国农村改革:国家和所有权关系的变化(上)[J].管理世界(4):178-189.

周清明,2009.农户种粮意愿的影响因素分析[J].农业技术经济(5):25-30.

周志太,2013.多维视角下的农民增收问题研究[J].科学社会主义(1):108-111.

朱红根,翁贞林,陈昭玖,2010.农户稻作经营代际传递意愿及其影响因素实证分析:基于江西619个种粮大户调查数据[J].中国农村经济(2):22-32.

朱佩雯,2014.农村土地大规模流转的家庭收入变动效应研究.[D].合肥:安徽大学.

朱四海,2005.我国农业政策演变的两条基本线索[J].农业经济问题(11):9-15.

诸培新,刘玥汐,2012.江苏省"万顷良田建设工程"中集体建设用地流转增值收益分配与机制创新[J].中国土地科学(10):4-8.

邹再进,2006.欠发达地区的区域创新主体结构特征[J].科技进步与对策(9):52-54.

后　　记

　　农地只有得到合理流转，其作为农业生产资料的重要价值才能得到体现。农村土地承包经营权的流转既是农业技术进步和农村发展的客观要求，也是促进农业技术进步、农村人口流动和城市化基础上的农地经营规模扩大的重要推动力，对于乡村振兴战略的实施有着极为重要的现实意义。国外相关研究主要集中在土地交易研究领域，包括地租与租佃理论、土地交易制度、土地交易市场的效率问题。国内针对农地流转的相关讨论主要围绕农地流转原因及存在问题、农地流转影响因素、细碎化与规模经营、农地流转中的政府目标与乡村干部行为研究等展开。这些研究不仅为相关制度和政策的完善提供了有力的智力支持，而且大大促进了相关学科发展。

　　随着农村发展和农业现代化的推进，作为一种新型农地流转模式，近年来政府主导型农地大规模流转在全国各地不断出现。在这种流转模式下，地方政府不仅为农地流转创造制度环境，建立流转平台，甚至直接积极介入农地流转过程，并实行政策倾斜，在人、财、物等多方面给予直接支持。就规模而言，流转面积动辄上千亩，甚至上万亩。这种流转方式在迅速改变了农业和农村面貌的同时，也给农村发展带来了强烈震动和深远影响。一些学者从政治、经济和社会层面对这种模式提出了批评和质疑。但对这种模式出现的原因分析、适用性和局限性的讨论相对较少，就研究方法而言，也不同程度存在着用特定区域和个案研究推断整体特征的问题。因此，有必要运用规范合理的社会科学研究方法，结合各地实践经验，针对研究中出现的上述相关问题给予弥补和改进。

　　自启动国家社会科学基金项目"政府主导型农地大规模流转问题研究"（12CJY052），至拿到国家社会科学基金项目结项证书，前后经历了五个春秋。五年时间里，课题组的成员共同拥有了一段难忘的经历。从课题申报设计，到相关研究方案的设计与反复修改，从深入农村开展田野调查，到相关数据资料的汇集整理，从相关研究论文的写作，到研究报告的反复修改，这些成果的形成都是和大家的反复努力分不开的。这里我要向课题组的李晨婕同志、梅莹同志、刘慧娟同志、张尚豪同志、王元凯同志深表感谢，如果没有他们的理解、支持和配合，相关工作的推进过程中将会遇到更多的困难。

在田野调查过程中，我们得到了安徽大学中国三农问题研究中心的张德元教授、陈勇教授、崔宝玉教授、潘林老师、邓道才老师、贺文慧老师、李静老师、熊凤水老师、李斌老师、谷小勇老师、李亚平老师以及安徽省政府研究室张岑遥博士、安徽省委党校吴梅芳教授、河南农业大学赵翠萍教授的大力支持，如果没有他们的大力支持，相关调研工作将会变得艰难得多。在田野调查过程中，课题组得到了中共安徽省委组织部、中共安徽省委党校、宿州市人民政府、中共宿州市委党校、萧县人民政府、肥西县人民政府、长丰县人民政府、宿州市埇桥区人民政府、怀宁县人民政府、繁昌县人民政府以及河南省息县人民政府的大力支持，这里也一并表示感谢。

在相关研究开展过程中，课题组也得到了安徽大学经济学院荣兆梓教授、马怀礼教授、李光龙教授、顾广玲书记、蒋长流教授、徐亚平教授、张治栋教授、胡艳教授、江三良教授以及安徽大学社会与政治学院陈义平教授、范和生教授、汤夺先教授、陈俊峰教授，安徽大学管理学院罗邃老师，安徽大学法学院华国庆教授、朱庆教授的帮助，他们出于不同学科视角给出的意见和建议使得研究质量得以保障。而安徽省社会科学院孙自铎研究员、杨俊龙教授、谢培秀研究员、张谋贵研究员、顾辉博士的意见和建议使得本课题研究少走了不少弯路，这里同样表示感谢。

在研究过程中，不少师友也提供了有益的意见和建议，他们是中国人民大学温铁军教授、孔祥智教授、唐忠教授、朱信凯教授、汪三贵教授、刘守英教授，清华大学何宇鹏教授，浙江大学黄祖辉教授、郭红东教授、苏振华老师，中央党校曾业松教授，湖南省社会科学院朱有志教授、陈文胜研究员、陆福兴研究员，武汉大学郭熙保教授、叶初升教授、贺雪峰教授，华中科技大学汪小勤教授，西北农林科技大学罗剑朝教授、李录堂教授、夏显力教授，郑州大学周阳敏教授，华中农业大学李谷成教授，合肥工业大学晋盛武教授，安徽师范大学周端明教授，安徽农业大学栾敬东教授、张藕香老师、肖双喜老师，安徽财经大学胡登峰教授、秦立建教授，安徽省行政学院刘艳教授，安徽省委党校王泽强教授，安徽省农科院姚升同志，合肥市委党校汪小梦教授，安徽省宣州区高铁办汪恭礼同志。这里同样表示感谢。

在田野调查、数据处理和研究报告修改过程中，安徽大学经济学院博士生李静、宫天辰、杨阳、王丽霞、韩春虹、夏岩磊以及硕士生蒋智陶、吴庆勇、程丹、陈忠玲、李南、李梦、窦可惠等同学也付出了大量辛苦劳动,这里同样表示感谢。

最后还要感谢那些曾经关心和帮助过我的人们,感谢那些我曾经教过的学生,在此我衷心祝愿他们生活幸福安康!

常　伟

2017 年 11 月 20 日于安徽大学龙河校区